［監修］一般社団法人日本訪問歯科協会

介護者なら知っておきたい！

口腔ケアと摂食・嚥下リハビリで

役立つ

テクニック＆グッズ

現代書林

は じ め に

　口はさまざまな機能を持っています。まず栄養を摂取する機能、次に呼吸や発話の機能、そして味覚などの感覚機能、表情を出す機能です。これらが揃うことによって、人間は生き生きと暮らすことができます。現在、日本人の平均寿命は男性81.05歳、女性87.09歳。前年よりもやや下回ってはいるものの世界トップクラスですが、一方で男性では平均約9年、女性では平均約12年の介護期間があります。これをいかに短くして健康寿命を延ばすかが大きな課題であり、「お口の健康」を保つことは有効な対策の一つとして認識されています。

　しかし、介護期間をゼロにすることは困難です。心身の衰えを完全に止めることは不可能ですから、ほとんどの人は多かれ少なかれ介護を受けるのが現実であり、介護してくれる人を必要とします。介護の大変さは想像に難くありませんが、それでもぜひ口腔ケアと、できれば摂食・嚥下リハビリについて、基本的な知識とテクニックを知っていただきたいと思います。

　口の中の環境を整え、機能を保つことは、誤嚥性肺炎などを予防するだけではなく、介護を受ける人に爽快感などの気持ちよさや食べる楽しみ、周囲の人とコミュニケーションをとるよろこびを提供します。それは、介護の担い手であるご家族、介護スタッフの皆さまのやりがいにもつながるはずです。

　本書は、口腔ケアや摂食・嚥下リハビリを少しでもやりやすく、受ける側も行う側もメリットがあるようにという願いを込めて作られました。日々の介護にお役立ていただくことができましたら幸いです。

2023年9月　日本訪問歯科医学会 学会長　野坂洋一郎

「お口の健康」を保つ大切さは、この頃広く理解されるようになってきました。口腔ケアや摂食・嚥下リハビリというと、とくに一般の方は少し難しく感じるかもしれませんが、ごく基本的な知識と、ちょっとした工夫によって誰でも効果的に行うことができます。

　口の中は狭くて暗いものです。しかし、100円ショップやドラッグストアで入手できる品を活用することでケアは驚くほどやりやすくなります。とくに100円ショップの品は、歯科で用いる器具の代わりになるものがたくさんあります。介護の大変さは介護をしている人にしかわからないと言われますが、ご家庭や介護施設などに出向く訪問歯科医は介護を担う皆さまのご苦労を間近で見ており、どうしたらもっと口腔ケアや摂食・嚥下リハビリがやりやすくなるだろうかと日々考え、試行錯誤しています。その中から生まれたアイデアを集めたものが本書です。試していただければきっと便利さを実感できると思います。

　総人口に占める65歳以上の人口の割合を高齢化率と言いますが、日本の高齢化率は29.0％で世界トップです。世界保健機関（WHO）が定義する「高齢化社会（高齢化率7％以上）」「高齢社会（高齢化率14％以上）」「超高齢社会（高齢化率21％以上）」という3段階の中で、日本はすでに「超高齢社会」に突入しているのです。65歳以上の要支援・要介護者数も年々増加して6500万人を超え、それだけ介護に携わる人も増えています。多くの介護者のもとに本書の情報が届き、介護負担の軽減と高齢者の「お口の健康」につながることを願っています。

　　　　2023年9月　一般社団法人日本訪問歯科協会 理事長　守口憲三

CONTENTS

PART 3 知っておきたい！ 摂食・嚥下 リハビリで役立つテクニック＆グッズ

PART 4 知っておきたい！ 嚥下食の介助で 役立つテクニック＆グッズ

PART 5 まだまだ知っておきたい！ 役立つテクニック＆グッズ

PART **1**

口腔ケアで
役立つ
テクニック＆
グッズ

準備編

認知症や寝たきり予防の効果もある口腔ケア

解説　**井山禎之** にき歯科医院院長

　　口腔ケアの目的は2つあります。**1つは口の中の細菌や汚れを取り除いて清潔を保つこと、もう1つはリハビリやマッサージなどで口の機能を維持・向上させることです。**前者は「器質的口腔ケア」、後者は「機能的口腔ケア」と呼ばれます。

　口腔ケアが不十分だと、歯周病が進行したり、口の中に食べ物のカスが残ったりして口の中の細菌が増加し、こうした細菌を誤嚥することにより誤嚥性肺炎が引き起こされることはよく知られています。誤嚥性肺炎は日本人の死亡原因第6位、そして後期高齢者の肺炎の多くが誤嚥性肺炎ですが、適切な口腔ケアで予防することができます。

　誤嚥性肺炎は寝たきりの人がかかるものと思っている人も多いようですが、そんなことはありません。一見元気そうでも、食べ物や飲み物を飲み込む嚥下機能が知らず知らずのうちに低下し、誤嚥性肺炎のリスクが上がっていることがあります。**食事中や食後のむせ、痰の絡んだようなガラガラ声（湿性嗄声）、一息で長く話せなくなった、声が小さくなったという場合は要注意です。**普通に生活していた人が誤嚥性肺炎をきっかけに体力が落ち、要介護状態になってしまうこともあるのです。もともと要介護状態だった人は、心身の機能低下が進んで寝たきりになったり、場合によっては死に至ることさえあります。

　認知症との関係はどうでしょう。まず、「噛む」という動作には脳

機能低下への負の連鎖

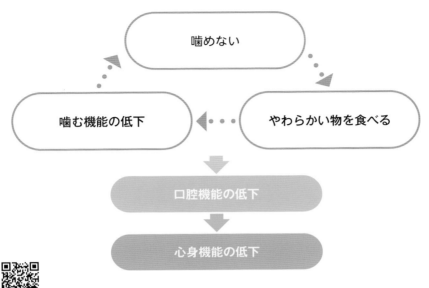

（出典：東京都健康長寿医療センター　平野浩彦）

を活性化させる作用があります。しかし、口腔ケアが不十分で歯周病が進み、歯がグラグラしたり抜けてしまうと噛む力が低下します。何本も歯が抜ければその分噛めなくなり、やわらかいものしか食べられなくなって十分な栄養が摂れず、筋力が衰えていきます。加齢による筋肉量の減少および筋力の低下を「サルコペニア」といいますが、サルコペニアを放置すると、心身が老い衰える「フレイル」に進展し、認知機能の低下にもつながっていくのです。

　このような状態に陥るのを予防する効果が口腔ケアにはあります。口の中の清潔を保つ器質的口腔ケアと、リハビリなどで口の機能を維持・向上させる機能的口腔ケアを行うことで、口腔内の環境改善だけでなく全身の健康の維持増進が可能となり、すでに認知症がある人でも、適切な口腔ケアによりその進行をゆるやかにすることができます。

お口の老化
「オーラルフレイル」チェック

解説　**井山禎之** にき歯科医院院長

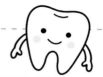

　　　　口腔機能の低下のことを「オーラルフレイル」といいます。歯周病などが原因で歯を失い、やわらかい物しか食べられなくなると、栄養不良、筋肉量減少・筋力低下、認知機能の低下につながることは前項でお伝えしましたが、かたい物がしっかり噛めないと、まず口や喉の筋肉が衰えます。その結果、食べ物を口に取り込む、噛む、飲み込む、味を感じる、唾液の分泌などの口腔機能が低下してしまうのです。

　ちなみに、フレイルとは「虚弱」という意味。身体機能の衰えから社会参加など他者との交流が減ってしまうことも、実は口腔機能の衰えから始まっているとも言われています。

　オーラルフレイルのセルフチェックを日本歯科医師会が推奨しています。右ページのセルフチェック表でぜひ行ってみましょう。

　チェックリストにある"ささいな衰え"が積み重なるとオーラルフレイルになり、そこから心身が衰えるフレイル、さらには本格的な病気へとつながっていきます。

　オーラルフレイル予防の基本は、「かかりつけ歯科医を持つ」「口の"ささいな衰え"に気をつける」「バランスのとれた食事」。"ささいな衰え"を見逃さず、口腔ケアの徹底と適切な歯科治療でオーラルフレイルの予防と改善に取り組みましょう。

オーラルフレイルのセルフチェック表

（○を付けた点数を合計します）

質問事項	はい	いいえ
半年前と比べて、かたい物が食べにくくなった	2	
お茶や汁物でむせることがある	2	
義歯（入れ歯）を入れている※	2	
口の乾きが気になる	1	
半年前と比べて、外出が少なくなった	1	
さきイカ・たくあんくらいのかたさの食べ物を噛むことができる		1
1日に2回以上、歯を磨く		1
1年に1回以上、歯医者に行く		1

※歯を失ってしまった場合は義歯（入れ歯）等を使ってかたい物をしっかり食べることができるよう治療することが大切です。

合計点数が
0〜2点 ………………… オーラルフレイルの危険性は低い
3点 ………………… オーラルフレイルの危険性あり
4点以上 ………………… オーラルフレイルの危険性が高い

（出典：東京大学高齢社会総合研究機構　田中友規、飯島勝矢）

井山禎之 にき歯科医院院長

広島大学卒業。第2口腔外科出身。歯学博士。広島県江田島市の「にき歯科医院」勤務。所属学会は、日本訪問歯科医学会、日本口腔外科学会など。日本大学松戸歯学部兼任講師。

安全な口腔ケアのために知っておきたい手順

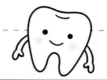

解説　**中堀紀久子**　喜胡デンタルクリニック院長

　　　どのようなケアでも、必要物品をきちんと準備し、正しい手順に沿って行うことが大切です。口腔ケアも、この基本を守ることによって安全かつ効率的に行うことができます。それが最終的に利用者の健康の維持増進、QOL向上、満足につながります。

　自分で歯磨きができない人の口腔ケア介助を見てみましょう。

【準備するもの】

　歯ブラシ、舌ブラシ、スポンジブラシ、歯間ブラシ、入れ歯専用ブラシ（入れ歯を使用している場合）、口腔湿潤剤、コップ、ガーグルベース、タオル、ティッシュペーパー、口腔清拭シート（ウェットシート）

【口腔ケアの手順】

①姿勢調整（ポジショニング）

　可能な範囲で上体を起こし、目線を合わせます。誤嚥を防ぐために、あごを引いた状態を保ちます（16ページ参照）。必ず声かけを行い、これから口腔ケアを始めることを伝えて同意を得ましょう。

②口腔内の観察（入れ歯の人は入れ歯を外す）

　口の中に食べ物などが残っていないか、傷などがないかを確認します。入れ歯を使用している場合はすべて外します（入れ歯の正しい外し方・つけ方は28ページ参照）。

③うがい、口腔の保湿

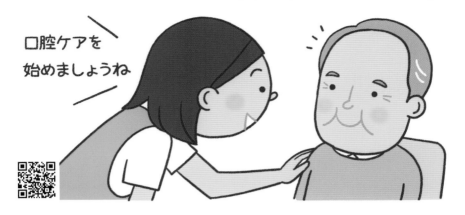

口腔ケアを
始めましょうね

　うがいで食べ物の残りカスや口の中の汚れを大まかに取り除きます。嚥下障害がありうがいで誤嚥してしまう場合は、スポンジブラシや口腔清拭シートで汚れを回収したあと口腔湿潤剤で保湿します。

④歯磨き・舌清掃・粘膜清掃

　歯ブラシを鉛筆のように軽く持ちます。歯と歯ぐきの間で45度の角度でブラシを当て、軽く小刻みに1か所20回程度動かします。

　歯間ブラシの場合は、ブラシを先端から差し込み、前後にゆっくりと2〜3回動かします。歯ぐきを傷つけないように、歯間ブラシは必ずサイズの合ったものを使用しましょう。

　舌清掃は、舌ブラシを軽く当て、やさしくなでるように舌の汚れ（舌苔）を、奥から手前にかき出します。舌ブラシを舌の奥に当ててしまうと、嘔吐反射（異常絞扼反射）が起こるので気をつけましょう。

　粘膜清掃では、スポンジブラシや口腔清拭シートで、頬の内側や上あごの粘膜の汚れ、歯ぐきの汚れを取り除きます（34、36ページ参照）。

　歯がない人や、麻痺のある人（麻痺側）は、頬と歯ぐきの間に食べカスや汚れが残りやすいので、よく観察して回収のし残しがないようにしましょう（入れ歯の正しい清掃法は30、32ページ参照）。また、スポンジブラシや口腔清拭シートを使ったあとは、唾液まで拭き取られて粘膜が乾燥してしまうので、最後に口腔湿潤剤で口の中を潤します。

介護者の負担も軽減する姿勢調整のポイント

解説 **中堀紀久子** 喜胡デンタルクリニック院長

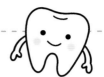

口腔ケアを安全・安楽に行う上で重要なことは、利用者の体を安定させ、あごを引いて誤嚥を防ぐことです。**姿勢調整を適切に行うと、介護者が無理な姿勢をとることも避けられ、お互いの負担が軽減します。**

座位の場合、足の裏全体が床につき、肘と膝がそれぞれ90度になるようにテーブルと椅子の高さを調節します（①）。車椅子の場合はストッパーを忘れずに（②）。自分で歯磨きができない人は、椅子、車椅子、ベッドなど、安定して座位を保てる場所に座ってもらい、足の裏全体が床または足台についていることを確認します。ベッドの場合は布団などを背もたれの代わりにして、ベッド柵を握ってもらうなどして上体を安定させ、介護者は利用者の横に立ちます（③）。椅子や車椅子の場合は、介護者は利用者の後方に立ち、介護者の胸で利用者の頭を支えるようにして行うと楽です。鏡をうまく利用しましょう。

半座位の場合は、ベッドを30〜45度起こしておしりの位置を調整した上で、膝の下や足元にクッションなどを置き、体を安定させます。あごを引いた状態を保てるように、頭の下に枕などを置きましょう（④）。

座位を保てない人や、片麻痺のある人は、側臥位で行います。片麻痺の人の場合は麻痺側を上、健側を下にします。左右の脚のすき間に

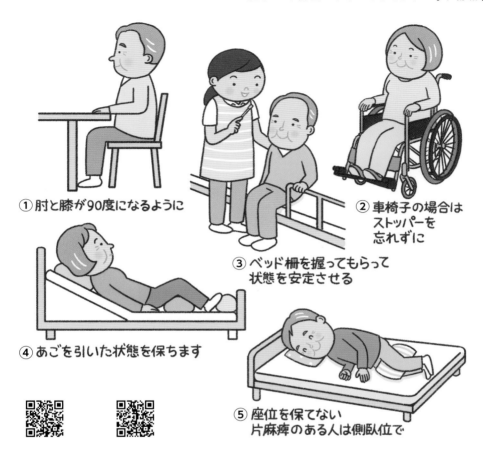

① 肘と膝が90度になるように

② 車椅子の場合は
ストッパーを
忘れずに

③ ベッド柵を握ってもらって
状態を安定させる

④ あごを引いた状態を保ちます

⑤ 座位を保てない
片麻痺のある人は側臥位で

薄めのクッションを入れると下半身が安定し、利用者も楽です（⑤）。
頭の下は枕を置き、可能ならベッドを10〜15度程度上げるとよいで
しょう。

中堀 紀久子 喜胡デンタルクリニック院長

2017年愛知県一宮市にて開業。訪問歯科専門クリニックでの勤務医
時代に、家族の介護と往診という2つの側面を経験する。以来、患者は
もちろん介護側の負担軽減にも努めている。

バイトブロックで口腔ケアを安全に行う

解説　**横田克彦**　ユー歯科診療所院長

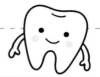

　　バイトブロックは、口を開けたままにする「開口保持」が困難な人のための開口補助具の1つです。口腔ケア時に歯ブラシなどを挿入したり、口の中を観察するためのすき間を確保するためのものですが、利用者が介護者の指を噛んでしまう「誤咬」を防ぐことも使用の大きな目的です。**開口保持が難しい利用者の口腔ケアでは、積極的にバイトブロックを用いましょう。もちろん必要のない人にまであえて使うことはありません。**

　使用時の注意点は主に2つです。1つ目は、歯のある人はバイトブロックを奥歯で噛む位置に挿入することです。前歯でバイトブロックを強く噛むと、歯が折れてしまうことがあります。2つ目は、バイトブロック使用中はSpO2(酸素飽和度)のチェックを忘れないことです。バイトブロックを噛んでいるときは舌根が下がりやすく、それに気づかずにいると、呼吸がしにくくなってSpO2の値が低下、つまり血液中の酸素濃度が下がって体が酸素不足になってしまう危険があるのです。

　挿入する際は利用者に目的を伝え、同意を得ましょう。バイトブロックの挿入には苦痛を伴わないことや、バイトブロックを使うと短い時間できちんと口腔ケアが行える（口の中がさっぱりする）ことなどがわかってくると、強く拒否することも少なくなるでしょう。

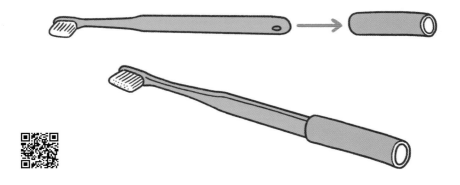

　バイトブロックにはさまざまな形状、かたさのものがあります。歯の有無や噛む力などに配慮して、利用者ごとに合うものを選んでください。また、素材にもよりますが、プラスチック製などの場合、繰り返し使っているうちにヒビや破損が生じることがあるので注意しましょう。ヒビが入った状態で使用すると口の中で破損し、口の中を傷つけたり、破片を誤飲・誤嚥する危険があります。使用前にヒビや破損の有無を必ずチェックする習慣をつけましょう。

　最後に、バイトブロックを手作りする方法をご紹介します。**100円ショップなどで買えるホースを10cmほどの長さに切り、使い古しの歯ブラシの柄の部分を通せば出来上がりです。**ホースは下記を目安に選びましょう。

【ホースを選ぶ目安】

・ホースの太さ

　　口があまり開かない人……細いホース

　　口を開けられる人……太めのホース

・ホースのかたさ

　　歯がある人……かためのホース

　　歯が多少グラグラしている人……かたくないホース

アイスバーメーカーで水を用途別に分ける

解説　**横田克彦**　ユー歯科診療所院長

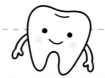

　口腔ケアではさまざまな用途で水を使います。たとえば、ケア用具を湿らせるため、汚れを洗い流すため、使用した用具をすすぐため、などなど。コップを何個か用意して用途別に水を入れることもできますが、それではちょっと大変です。**100円ショップでも買えるアイスバーメーカーを使ってみてはいかがでしょうか。**

　アイスバーメーカーは、文字通り家庭で手軽にアイスバーを作るためのものですが、口腔ケアグッズとしても実は人気です。さまざまな種類がありますが、右ページのイラストのように水を入れられる場所が4つに分かれているもの（4連のもの）が便利です。これが1つあれば水を用途別に分けて入れ、最後まで清潔な水で口腔ケアを行うことができます。

　また、水を入れる場所にシールなどで用途を明記しておくと、うっかり間違えて清潔な水を汚染してしまうのを避けられます。

　用途の分け方に決まりはありませんが、「湿らせる」「洗う」「すすぐ」「絞る」に分けるとよいと思います。また、順番もこのようにすると、口腔ケアの動作と合うためスムーズにケアできます。

　前述したように使いやすいのは4連のものですが、3連のものしか手に入らなければもちろんそれでOKです。アイスバーメーカーはコンパクトで軽いため、持ち運びに便利なこともメリットです。

　実際に、アイスバーメーカーを使う際にはシールなどで用途を示しておくとさらに便利。4連ならば以下のような用途名をシール張りすれば、間違いのないように使うことができます。

①湿らせる：スポンジブラシなどを湿らせる水を入れておきます

②洗う：汚れを落とす水を入れる。洗口液などを入れてもよいです

③すすぐ：汚れを落としたあとにすすぐための水を入れておきます

④絞る：水を絞るための場所。ケア開始時は空にしておきます

横田克彦　ユー歯科診療所院長

日本大学松戸歯学部卒業。2004年長野県駒ヶ根市に「ユー歯科診療所」開業。2014年東北大学大学院修了。東北大学非常勤講師。所属学会は、日本障害者歯科学会、日本口腔インプラント学会など。

うがいの介助が楽になる
Uコップとガーグルベースン

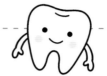

解説　福岡幸伸　デンタルクリニックフクオカ院長

　　　Uコップとは、口をつける側の縁が高く、反対側の縁が低くなっている介護用コップです。一方、ガーグルベースンはうがい用の水受け容器です。この2つを利用すると、うがいの介助を楽に行うことができます。

　それぞれの特徴や利点を少し詳しく説明しましょう。

　まず、Uコップは、コップを傾けたときに鼻に当たる部分がU字型にカットされていることからその名がつきました。**コップを傾けても縁が鼻にぶつからず、首をうしろに反らさなくても水を口に含むことができます。**首をうしろに反らした状態で水を口に入れると誤嚥しやすく、とくに嚥下機能が低下している人の場合は非常に危険です。介護現場でガラガラうがいは厳禁とされ、あごを引いた状態でブクブクうがいが基本となっているのも同じ理由です。

　次に、ガーグルベースンは医療現場で古くから使われているもので、上から見るとそら豆やカシューナッツの形に似て湾曲しています。その**カーブが立体的な人の顔にフィットし、うがい後の水や唾液をしっかりと受け止めることができるのです。**

　では、Uコップとガーグルベースンを使用したうがい介助の手順を解説していきましょう。うがいの前に、利用者には座位で少し前屈みになってもらいます。介護者は利用者の正面に立ちます。この状態で、

次の手順に従ってうがいの介助を行いましょう。

【Uコップとガーグルベースンを使用したうがい介助の手順】

①Uコップを使って口に水を含み、ブクブクうがいをしてもらう。

　あごを引いた状態のままで。首をうしろに反らせないように注意しましょう。

②ガーグルベースンを左手に持ち、湾曲している部分を利用者の口元にぴったりと当てる。その後、あごを引き、口の中の水をゆっくりと吐き出してもらう。

「ペッ」と勢いよく吐き出すと、ガーグルベースンで受け止めきれないことがあるため、ゆっくりと静かに吐き出すように促すことが大切です。

　Uコップとガーグルベースンを用いると、寝たきりでも誤嚥の心配がない人であればうがいをさせてあげることができます。嚥下障害がありうがいをできない人の場合は、Uコップではなく吸い飲みとガーグルベースンを使用して口をすすいであげましょう。

口の中を明るく照らす キーリング付きLEDライト

解説　**福岡幸伸** デンタルクリニックフクオカ院長

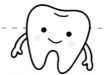

　　口の中は暗く、とくに口を大きく開けられない高齢者の場合は、すみずみまで口腔清掃を行うことはもちろん、十分に観察することすら難しいことがあります。そのようなときに便利なのが、キーリング付きLEDライトや、LEDヘッドライトです。いずれも100円ショップで入手可能です。

　磨き残しや汚れの回収し残しが多いのは、歯と歯の間（縦のすき間）、歯と歯ぐきの間、奥歯のみぞの部分です。口の中を照らすためには通常ペンライトを使いますが、ペンライトを持ちながらブラッシングなどを行うのは至難の業。1人で行うことは困難です。しかし、**キーリング付きLEDライトや、LEDヘッドライトを用いると、1人でも口の中を観察しつつブラッシングなどを行うことができます。**

　キーリング付きLEDライトを上手に使うポイントは持ち方です。利き手でない方の親指をキーリングに通し、親指と人差し指の間でLEDライトを固定します。このようにすると、人差し指を自由に動かすことができ、頬の裏側を広げて視野を広げると同時に、口の中を十分に照らし出せるのです。

　一方のLEDヘッドライトは、フリーハンドで利用者の口の中を照らすことができます。照射角度は製品により異なりますが、最大180度まで調整できるものもあります。

キーリング付き
LEDライト

利き手でない方の
親指をキーリングに通す

自由になる人差し指で
口の中を広げ、
ライトで照らしながら
ブラッシングを行う

LEDヘッドライトも便利です

福岡幸伸 デンタルクリニックフクオカ院長

岐阜歯科大学（現・朝日大学）卒業。国内外で研鑽を積み、1988年三重県
四日市市に「デンタルクリニックフクオカ」開業。2005年より訪問歯科
診療チームを作り、在宅医療にも力を注ぐ。

PART 2

口腔ケアで役立つテクニック＆グッズ

実践編

入れ歯の人の口腔ケア①
入れ歯の着脱

解説　**伊藤英一**　伊藤歯科医院院長

　　　　入れ歯の人の口腔ケアでは入れ歯の着脱が必須ですが、入れ歯を扱った経験がないと構造自体がよくわかりませんし、たとえ自分が使っていても他人の入れ歯の扱いには不安を感じるでしょう。正しく着脱できなければ入れ歯を壊してしまったり、口を傷つけてしまうこともあります。

　まずは入れ歯の構造を理解しましょう。入れ歯には総入れ歯と部分入れ歯があり、総入れ歯は、人工の歯（人工歯）と歯ぐきや上あごに密着するピンク色の義歯床からできています。一方、部分入れ歯は、残っている歯に引っかける金具部分（クラスプ）と人工歯、義歯床からできています。左右の義歯をつなげるリンガルバーがついているものもあります。

　総入れ歯の着脱は、「つけるときは上の歯から」「外すときは下の歯から」が基本です。右ページの図のようにして脱着してください。

　入れ歯の横幅は口の幅よりも大きく、無理に外そうとすると口を傷つけてしまうことがあります。斜めにして取り出すと安全で、無理に大きく口を開けてもらう必要もありません。

　部分入れ歯の着脱は図の通りです。**気をつけたいのは、小さな部分入れ歯は口の中に落とすと誤飲・誤嚥してしまう危険があるので、しっかりと持つようにしてください。**

総入れ歯のつけ方

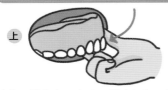

前歯の部分をつまみ、斜めにして奥歯側から口の中へ入れ、水平に回すようにしてつけます。

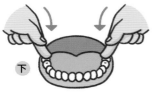

両手の人差し指を左右の奥歯の部分に当て、頬の粘膜に沿って静かに押し込みます。

総入れ歯の外し方

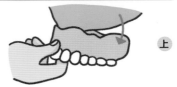

前歯の部分をつまみ、後方部を浮かすように外して口から出しやすいように斜めにして取り出します。

前歯の部分をつまみ、後方部を浮かすように外して口から出しやすいように斜めにして取り出します。

部分入れ歯のつけ方

金具部分を持って歯にかけ、入れ歯全体を指で支えながら、金具が安定するまで静かに押し込みます。

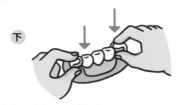

上の歯と同じ要領で。

部分入れ歯の外し方

金具部分に人差し指の爪をかけ、親指を金具がかかっている歯の下に当てて入れ歯を支えながら外します。

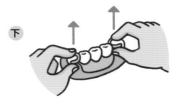

上の歯と同じ要領で。

入れ歯の人の口腔ケア②
入れ歯の洗浄

解説　**伊藤英一**　伊藤歯科医院院長

　入れ歯の洗浄は歯磨きと同じように毎食後か、少なくとも1日1回は行います。**入れ歯を清潔に保つことで、細菌の繁殖による口内環境の悪化や口臭を防ぐことができます。**口の中が快適で気持ちよく過ごせるようにして、QOLの維持・向上を図ります。

　洗浄に必要な用具は、入れ歯用ブラシと洗面器またはボウルです。普通の歯ブラシで入れ歯の掃除をする人も少なくありませんが、入れ歯用歯ブラシは持ち手の部分が太いため磨きやすく、細部の汚れを落とすのにも有用です。

　研磨剤の入った歯磨き粉は使いません。また、**洗浄中に入れ歯を落として排水口に流してしまわないように、洗面器またはボウルに水を張り、必ずその上で洗いましょう。**

　入れ歯はその人の口の状態に合わせて作るオーダーメイドなので、案外構造が複雑です。きれいに洗ったつもりでも汚れが残っていることがあり、とくに薬を飲んだあとは注意が必要です。顆粒が歯の裏側に入り込んでしまい汚れとなることが少なくありません。

　入れ歯にも歯垢がたまります。放置すると口臭の原因になったり、細菌が増殖して口内炎ができることもあります。入れ歯を触ったときにヌルッとしたら洗浄不足のサインです。丁寧に扱い、細かいところまで洗って細菌が繁殖するスキを与えないことが大切です。

洗面器に水を張り、流水を掛けながら入れ歯用ブラシで洗いましょう。総入れ歯は全体をしっかり持ち、部分入れ歯は金具部分に強い力がかかると変形することがあるため、金具以外の部分を持ちます。

入れ歯用ブラシを使いましょう。

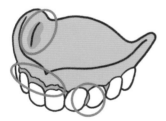

汚れがつきやすいのは床のくぼみ、歯と歯ぐきの間、歯と歯の間です。

汚れがつきやすいのは、歯と歯ぐきの間、歯と歯の間、金具部分。金具は小さめのブラシで洗いましょう。

伊藤英一　伊藤歯科医院院長

北海道大学歯学部卒業。1996年北海道函館市に「伊藤歯科医院」開業。所属学会は、日本訪問歯科医学会、日本口蓋裂学会、日本口腔インプラント協会など。

入れ歯の人の口腔ケア③
入れ歯のお手入れ

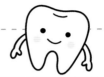

解説　**西村有祐**　西村歯科名誉院長

　　　入れ歯の人工歯はプラスチックなどで作られているため、むし歯になることはありません。しかし、プラスチックには吸水性があり、汚れや細菌がつきやすいのです。お手入れを怠ると食べ物のカスがたまったり、細菌が繁殖してデンチャープラーク（入れ歯の歯垢）がついたりして口臭の原因になります。

　部分入れ歯で注意したいのは、金具をかけている歯のむし歯や歯周病です。デンチャープラークや歯周病のために唾液中の細菌が増えると、誤嚥性肺炎のリスクも高まります。

　それだけではありません。入れ歯による「義歯性口内炎」ができることもあります。義歯性口内炎の原因は2つ。1つは、合わない入れ歯を使い、慢性的な刺激や圧迫により歯ぐきなどが傷ついて炎症が起こること、もう1つは、デンチャープラークの中でカンジダという真菌（カビ）が増殖することです。カンジダは健康な人の口の中にもいる常在菌ですが、デンチャープラークは普通の歯垢と違ってカンジダが多く棲息します。また、免疫力の低下した高齢者はカンジダが増殖しやすいのです。**カンジダは、一度入れ歯についてしまうと普通に洗浄しただけではなかなか除去できません。そのため、日々のお手入れがとても重要です。**

　お手入れの基本は毎食後（少なくとも1日1回）の洗浄（30ページ参照）

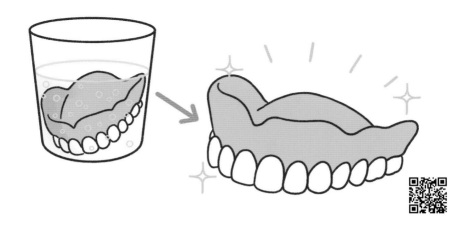

主な入れ歯洗浄剤の特徴

発泡タイプ	・泡と過酸化水素で汚れを落とす ・微生物除去効果がやや弱い ・毒性が弱く、汚れや着色除去に優れた効果がある ・入れ歯の金具部分（クラスプ）が変色する場合がある
酸素系	・タンパク質の分解を促す ・酵素の力で微生物を除去する ・茶しぶやタバコのヤニなどのステイン除去効果はない ・食べ物のカスの分解、脱臭効果はあるが、漂白効果はない
次亜塩素酸系	・強い殺菌力を持つ ・長時間つけておくと、変色することがある ・強アルカリ性で漂白、殺菌作用に優れるが、入れ歯の素材（レジン）にダメージを与えるため注意が必要

ですが、3日に1度は入れ歯洗浄剤で汚れをしっかり落としましょう。入れ歯洗浄剤にはいくつか種類があり、それぞれ特徴を持っています。一覧表でまとめてみました。

　これらの特徴を理解した上で入れ歯洗浄剤を使いましょう。また、入れ歯を熱湯や漂白剤につけたり、乾燥させたりすると、変色や変形の原因になります。入れ歯を外しているときは水に入れて保管しましょう。

入れ歯の人の口腔ケア④ ウェットシートで粘膜清掃

解説　**西村有祐**　西村歯科名誉院長

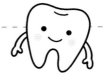

　　　口腔機能が低下し、ブクブクうがいで口の中の汚れを吐き出すことができない人に対しては、ウェットシートを使って口腔清掃を行います。口腔清拭専用のウェットシートは、1枚でしっかりと汚れを取り除くことができます。

　拭き取り残しがないようにするポイントは、ウェットシートを上手に指に巻きつけることと、拭き取る順序を守ることの2つです。

　ウェットシートを上手に指に巻きつけると器用に指を動かせるため、細かい部分の汚れも効率的に取り除くことができます。拭き取る順序を守る目的は、効率的なケアで利用者の負担を軽くすることと、拭き取り忘れてしまう部分を残さないようにすることです。

　拭き取る順序は、右ページのイラストのように❶上の歯ぐきと頬の間を拭き取る（奥から手前に向かって拭き取り、真ん中の小帯（下唇小帯）のところで止める）、❷上あごを奥から手前に拭き取る（真ん中と左右に分けると、まんべんなく拭き取れる）、❸頬の粘膜を上から下に拭き取る、❹下の歯ぐきと頬の間を拭き取る、❺下の歯ぐきを奥から手前に拭き取る、❻舌を奥から手前に拭き取る（奥に指を入れ過ぎると、「オェッ」と嘔吐反射を引き起こすので軽く拭き取る）となります。

　「小帯」は口の中に合計7つあります。小帯に指が強く当たると痛みを感じるので注意しましょう。

拭き取る順序

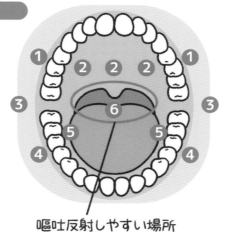

嘔吐反射しやすい場所

口腔清拭専用のウェットシートの使い方

1 シートを2つ折りにして人差し指にかけ、指先の部分でさらに折り返します。

2 この状態でウェットシートを指に巻きつけます。

3 この形で口腔内を清拭します。

4 一拭きごとに汚れた面を巻き戻して、新しい面を出します。

5 裏面を同じように指に巻きつけて清拭します。

西村有祐　西村歯科名誉院長

朝日大学歯学部卒業。1981年大阪府堺市に「西村歯科」開業。通院できない人への歯科治療にも取り組む。所属学会は、日本訪問歯科医学会、日本歯周病学会、日本障害者歯科学会など。

入れ歯の人の口腔ケア⑤ スポンジブラシで粘膜清掃

解説 **福島敦司** 天の川歯科院長

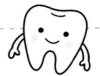

　　スポンジブラシを使った粘膜清掃は、入れ歯の人の口腔ケアでは日常的なものですが、それだけに丁寧さが必要です。いきなり口の中にスポンジブラシを入れてゴシゴシやると、不快感や痛みで拒否されてしまうことがあります。**行う側も受ける側も気持ちのよいケアにするためには、正しいスポンジブラシの使い方をマスターすることが大切**。粘膜ケアの達人を目指しましょう。

【必要物品】

　スポンジブラシ、紙コップ2個（清拭用、洗浄用）、うがい薬（口腔洗浄剤）、口腔湿潤剤、紙ナプキン（またはキッチンペーパー）

【スポンジブラシの使い方のポイント】

・スポンジブラシは柄の真ん中を人差し指と中指、親指で持つ

・スポンジブラシはしっかり絞る

・スポンジブラシの感触は決してよくない（気持ち悪い）ので、比較的
　感覚の鈍い頬の裏側にそっと入れる

・すぐに動かさず、スポンジの感触に慣れるまでしばらく入れておく

・口腔内7カ所にある「小帯」を強く刺激しない

・利用者がスポンジブラシを噛んでしまっても、無理に引き抜かない

・1回のケアが終わったら捨てる

　以上の事柄に注意して、右の図で実際の手順を確認してください。

スポンジブラシを使った粘膜清掃の手順

① 頬の内側から、奥から手前にスポンジブラシを回転させながら汚れを絡め取ります。

② スポンジブラシが小帯にかかると痛いので、小帯を避けて動かしましょう。

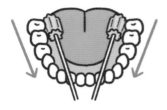

③ 舌と歯列の間にスポンジブラシを入れて、歯肉に沿わせて回転させます。

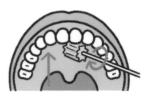

④ 上あごの清掃は嘔吐反射が出やすいので、慣れるまでは手前の部分だけにして、慣れてきたら奥から手前に向かって清掃します。

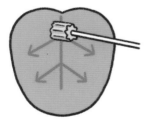

⑤ 舌の清掃は葉脈を描くように、奥から手前に向かって動かします。

スポンジブラシ

意外と知らない!?
歯ブラシの正しい使い方

解説　**福島敦司**　天の川歯科院長

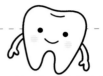

　誰もが日常的に行っている歯磨きですが、歯ブラシを正しく使っているかというと疑問です。**せっかく毎食後に歯磨きをしても、歯ブラシをうまく使えていなければ十分に汚れを落とすことはできません。**高齢になったり、脳血管疾患などのために、手を器用に動かすことが難しい人の場合は、家族や介護スタッフの介助が必要になります。歯ブラシと歯磨きの基本について改めて確認していきましょう。

【歯ブラシの持ち方】

　歯ブラシの持ち方には、「パームグリップ（手のひらで握る方法）」と「ペングリップ（ペンを持つような握り方）」があります。

【力の入れ具合】

　磨くときに力を入れすぎないようにすることが重要です。歯ブラシの毛先が開いてしまうのは力の入れすぎ。毛先で汚れを取ることが十分にできません。また、力を入れて大きく動かすと、歯や歯ぐきに過剰な力がかかり、知覚過敏や歯肉退縮（歯ぐきが下がって歯の根元が露出する）が起こることもあります。

【歯ブラシを当てる角度】

　歯の頬側は歯の表面に対して90度、歯の舌側は斜めが基本です。歯と歯ぐきの境目は45度の角度で当てます。

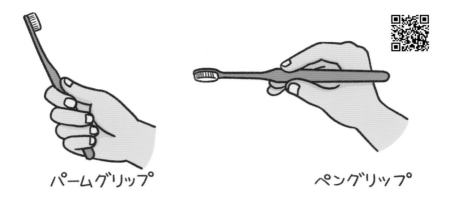

パームグリップ　　　　　　　　ペングリップ

【歯ブラシの動かし方】

　5〜10mmの幅を目安に小刻みに動かし、1〜2本ずつ磨きます。歯と歯ぐきの境目は、歯周ポケットの中の汚れを取るように細かく（5mm幅程度）動かしましょう。

【磨き残しを防ぐポイント】

　磨きにくい部分（前歯の裏側、右利きの人なら右の奥歯や犬歯のあたりなど）から始めます。前歯の裏側は、歯ブラシを縦にして毛先をしっかりと当て、上下に細かく動かし、歯ブラシの「つま先」「わき」「かかと」をうまく使い分けましょう。

【汚れや歯垢が残りやすい部分】

　歯と歯の間、奥歯の噛み合わせ、歯と歯ぐきの境目、歯並びが不規則なところ、この部分をとくに注意して磨いてください。

　歯ブラシを正しく使うことにより歯の健康を守ることができます。歯科医師や歯科衛生士から指導を受けておくこともおすすめです。

福島敦司 天の川歯科院長

鹿児島大学歯学部卒業。2010年三重県津市に「天の川歯科」開業。在宅療養支援歯科診療所届出済。通院が困難な高齢者の診療にも力を注いでいる。日本訪問歯科協会会員。

歯ブラシを
持ちやすくするための方法

解説　**吉原正明**　吉原歯科医院院長

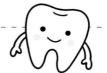

　　　高齢になると手の指の筋力が衰え、握力が低下してきます。するといろいろな場面で今まで簡単にできていたことが難しくなる場合が出てきます。

　その一つ、**ブラッシングのときに起こる問題は、歯ブラシの柄が細くて柄を上手く握れないこと、力が入らないので上手くブラッシングできないことです。**

　そのようなときは歯ブラシの柄を太くして持ちやすくし、自分自身でしっかり歯磨きができるように工夫してあげましょう。

　その方法ですが、柄を太くするためのグリップはいろいろと市販されています。しかし、手に入らないときは100円ショップでも売っている家具の角当てクッションと滑り止めシートを使って代用できるので作ってみてください。

【作り方】

　滑り止めシートを2つ折りして歯ブラシの柄の部分に巻きます。そしてそれをクッションで挟むだけです。

　歯ブラシを握りやすくするために、柄の部分にタオルを巻きつけ、輪ゴムなどで固定している人もいますが、取り外すのが案外面倒で衛生的にも問題があります。しかし、角当てクッション材と滑り止めシートで作った歯ブラシグリップなら、手軽に取り外して洗うことが

滑り止めシート

角当てクッション材

でき、使用中に歯ブラシがずれることもありません。利用者の手の大きさに合わせ、握りやすい太さに調節することも可能です。

　高齢者の握力の低下は誰もがいずれは直面します。それ以外にも関節に障害や変形が起こるリウマチなどの症状のある人たちにも同様の問題が起きる場合があります。このような方法は、解決策の一つとしてとても有用です。

　歯ブラシに限らずスプーンやフォーク、ペンや筆など、握って使うものに対してならさまざまに応用することができるでしょう。工夫することで自立支援ができるのです。

意外と知らない!?
ワンタフトブラシの使い方

解説　**吉原正明** 吉原歯科医院院長

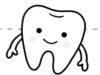

　　　ワンタフトブラシとは、部分磨き歯ブラシとも呼ばれるもので、ブラシの束が小さく1つにまとまっているのが特徴です。**小回りがきくため、普通の歯ブラシが届きにくい部分、たとえば奥歯の奥や前歯の裏側、抜けた歯の周りなどをピンポイントで磨くのに適しています。**

　奥歯の奥は誰でも磨き残しの多い部分なので、とくに丁寧に磨きたいところです。前歯の裏側にはシャベル状のくぼみがあり、ここも磨きにくい部分。抜けた歯の周りや歯と歯ぐきの境目にある歯周ポケットも磨きにくく、普通の歯ブラシだけではやはり歯垢がたまってしまいがちです。その結果、歯肉を痩せさせたり歯周病を招いたりして、お口の健康を徐々に悪化させることになってしまうのです。

　ただ、だからといって歯周ポケットをきれいにしようとゴシゴシと強く磨いてしまうと、歯や歯ぐきを傷つけたり知覚過敏を引き起こすこともあります。そこでワンタフトブラシを上手に使うと、このようなトラブルも防ぐことができるのです。

　使い方の基本は、普通の歯ブラシで磨いた後、仕上げにワンタフトブラシを使うようにすることです。使うときのポイントは、持ち方と力の入れ方、動かし方です。持ち方は柄の部分を鉛筆のように持つペングリップが基本です。ペングリップは細かい部分を磨きやすいとい

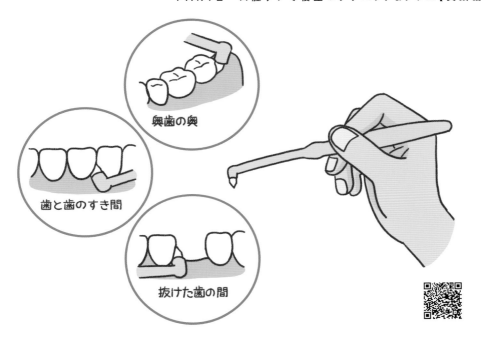

う利点があります。ただし、上の歯の前歯の裏側はパームグリップ（38ページ参照）の方が磨きやすでしょう。

　力を入れ過ぎず、やさしく磨きます。孤立歯は歯の四面を意識してブラシを当て、前後に動かして磨きます。歯と歯ぐきの境目は歯肉にそって小刻みになぞるように動かしましょう。こうすることで歯周ポケットの中の歯垢をかき出せます。**歯と歯のすき間は、歯ぐき側から歯の先端に向けて軽くなぞるように、前歯の裏側はかき出すようにします。それ以外の部分は、ブラシを細かく動かして磨きましょう。**大切なことは、力を入れ過ぎないことです。

吉原正明 吉原歯科医院院長

日本大学松戸歯学部卒業。1990年兵庫県三田市に「吉原歯科医院」開業。口腔ケア、リハビリに力を注いでいる。所属学会は、日本摂食嚥下リハビリテーション学会、日本老年歯科医学会など。

意外と知らない!?
歯間ブラシの使い方

解説 **金子尚樹** Kデンタルクリニック院長

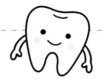

歯間ブラシは、歯と歯のすき間やブリッジの下など、歯ブラシだけでは取り切れない汚れの除去に有効です。普通の歯ブラシのみでブラッシングした場合の除去率は65%ですが、歯ブラシとデンタルフロスを併用すると79%、歯ブラシに歯間ブラシを併用した場合はなんと85%にまで除去率が上がることがわかっています。

磨き残しを20%以下に抑えると、歯周病が悪化するリスクを下げられるとされているので、**齲蝕や歯周病の予防に歯間ブラシの効果は絶大と言ってよいでしょう。**

【歯間ブラシの選び方】

歯間ブラシの形は「Ⅰ字型（ストレートタイプ）」と「L字型」があり、「L字型」は奥歯に適しています。

また、毛の太さによってサイズがあり、一般的に次の6種類です。

SSS(3S)／SS／S／M／L／LL

歯と歯のすき間に歯間ブラシを入れたときに、抵抗なく動かせるサイズのものを選びますが、使い始めでわからないときはいちばん小さなサイズからスタートしましょう。サイズが大きすぎると歯や歯ぐきを傷つけてしまいます。ブラシ部の素材は針金タイプとゴムタイプがあり、ゴムタイプの方はプラークの除去率は低下しますが、やわらか

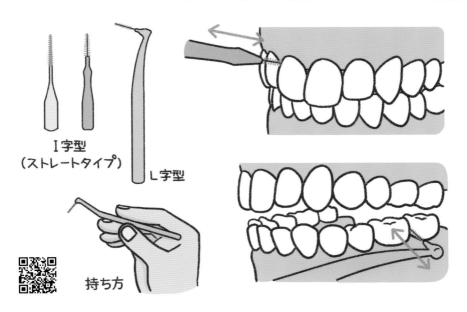

I字型
（ストレートタイプ）

L字型

持ち方

く歯肉を傷つけないメリットがあります。

　より効果的に使うポイントは、その人に適したものを選ぶことと、効率よく汚れを取る使い方です。

【使い方】

　針金の付け根に近い部分を、鉛筆を持つようにして持ってください（ブラシの部分を折り曲げてから使うこともあります）。

　歯の表面側から、歯と歯ぐきの間の三角形のすき間に、歯ぐきに沿わせてそっと水平に差し込みます。歯間ブラシを水平にして、歯と歯の間の両側面を軽くこするように前後に2〜3回往復させ、擦過傷に注意し、挿入しにくい隙間には無理に入れないようにしましょう。

【使用後の洗浄、保管法】

　使用後は流水でよく洗い流し、指先でやさしくこすり洗いして乾燥するように風通しのよい場所で保管します。ブラシの毛先が乱れたり、短くなってきたり、針金が曲がってきたりしたら交換の時期です。少なくとも2〜4週間に1回交換しましょう。

舌苔を除去する舌ブラシの使い方

解説　**金子尚樹** Kデンタルクリニック院長

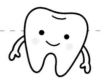

　　舌ブラシは、舌の表面に苔のように付着している「舌苔」を除去する用具です。舌苔は口臭の大きな要因です。**舌苔が舌を覆うと味覚も鈍り、誤嚥性肺炎のリスクが上がるため、舌苔除去を含めた口腔ケアをきちんと行うことが重要です。**

　舌ブラシを使うときは、いきなり舌の奥に触れると嘔吐反射が起こってしまうので、まずは舌の真ん中くらいから始めることが大切です。舌の奥を清掃するときは、舌を前に突出したまま水で濡らしたブラシで磨くと嘔吐反射が起こりにくくなります。利用者がつらそうな場合は、無理に奥を清掃する必要はありません。

　また、舌苔を一度取ろうとして強くこするのは禁物です。1日1回舌清掃を行い、少しずつ取っていくことによって十分に効果は得られます。**強くこすって舌の味蕾を傷つけてしまうと味覚障害を引き起こしたりするので注意しましょう。**

【舌ブラシ】

　舌ブラシは舌への刺激がやさしく、初心者でも使いやすいです。大きく分けてスポンジタイプ、ヘラタイプ、モールタイプがあります。清掃に慣れてきたら、舌苔を除去する能力の優れたヘラタイプを使ってもよいでしょう。また、スポンジタイプは、使用後乾燥しにくく、細菌が増殖しやすいので使い捨てタイプのものが多いです。

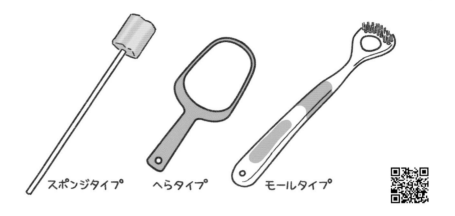

スポンジタイプ　　へらタイプ　　モールタイプ

【使い方】

・軽い力（100 g 以下）で

・舌の表面をなでるように奥から手前へ動かします

・舌の真ん中くらいからスタートします

・舌の奥を清掃するときは、利用者に「はー」とゆっくり息を吐いて
　もらいながら行います

【舌清掃の必要物品】

（舌ブラシのほかに）口腔清拭専用ウェットシート、口腔湿潤剤

【舌清掃の手順】

　口腔湿潤剤をつけ、10〜20秒ほど待って舌苔をやわらかくします。そして、舌の真ん中くらいに舌ブラシを軽く置き、なでるように手前に数回動かします。必要に応じてはがれた舌苔を口腔清拭専用ウェットシートで取り除き、口をすすいでもらいます。

金子尚樹 Kデンタルクリニック院長

2013年大阪府吹田市に「Kデンタルクリニック」開業。所属学会は、日本歯周病学会、日本顎咬合学会、日本口腔インプラント学会、日本訪問歯科協会、日本老年歯科医学会。

口腔ケアの前に使用する 口内洗浄液の正しい使い方

解説 **篠崎泰久** しのざき歯科医院院長

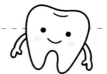

　　　　　口内洗浄液は、液体タイプの口腔ケア製品です。**「洗口液」と「液体歯磨き」の２種類に分けられ、使い方が異なりますが、その違いや正しい使い方は案外知られていません**。ある調査では、約75％の人が違いを知らなかったと回答しています。

　まず、洗口液はすすぐだけで、食べかすだけでなくミクロの汚れやネバネバを洗い流してくれるもの。歯磨きを行った後に、磨き残し対策として仕上げに使います。洗口液ですすいだ後に水でうがいをする必要はありません。

　一方の液体歯磨きは、一般的なチューブ入りの練り歯磨きと同じで、歯ブラシでブラッシングする際に使います。口に含んですすいだのち、普通に歯磨きを行うことで効果を得ることができます。練り歯磨きとの主な違いは、歯を磨いた後に口の中を水ですすぐ必要がないことですが、軽くすすいでもかまいません。

【洗口液の効果的な使い方】

　歯磨きを行った後、適量を口に含んで20〜30秒ブクブクうがいをして吐き出します。その後は水ですすぎません。とくに、「医薬部外品」の表示があるものは、すすがない方が有効成分の効果が持続します。

【液体歯磨きの上手な使い方】

　適量を口に含んで20〜30秒間ブクブクうがいをして吐き出したの

ち、歯磨き（歯ブラシによるブラッシング）を行います。最後に水ですすいでもかまいませんが、「医薬部外品」の表示があるものは、有効成分の効果を持続させるために軽いすすぎにとどめましょう。

　両方使う場合は、液体歯磨きを使って歯を磨き、仕上げに洗口液ですすぎます。**液体歯磨きには研磨剤が入っていないので、歯の表面を傷つける心配がないこともメリットです。**ただし、ブクブクうがいのできない高齢者は誤嚥の危険がありますので使用はできません。

【洗口液と液体歯磨きの違い】

	洗口液	液体歯磨き
目的	・磨き残し対策 ・口臭や乾燥の予防 ・清涼感を得る	歯磨きで歯の汚れを取る
使い方	歯磨きの後の仕上げ	口に含んですすいだ後、歯磨きを行う
使用後のすすぎ	不要	軽くすすいでもよい
注意点	歯磨きの代わりにはならない	すすぐだけでは汚れが落ちない

口腔ケアに用いる
湿潤剤の正しい使い方

解説　**篠崎泰久**　しのざき歯科医院院長

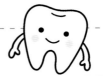

　　高齢になると唾液の分泌量が減り、程度の差はあってもほとんどにドライマウスの症状がみられます。唾液には口の中の汚れを洗い流したり、細菌の繁殖を抑えたりする働きがあるため、ドライマウスの人は口の中の清潔が保たれにくくなりますが、保湿により口内環境を良好に保つことができます。そこで湿潤剤を上手に使うことにより、水を使わない口腔ケアが可能になり、誤嚥のリスクを減らすことにもつながるわけです。

　湿潤剤はジェルタイプとリキッドタイプに大きく分けられます。さらに、リキッドタイプにはスプレータイプと洗口液タイプがあります。**ドライマウスによる乾燥がひどい場合は、保湿力が高く、効果が長続きするジェルタイプがおすすめです。とくに、嚥下機能が低下して誤嚥の危険がある人に対しては、粘度が高めのものを使いましょう。**粘度が低いとすぐに流れてしまい、誤嚥する危険があるからです。

　塗り方のポイントは、「薄くまんべんなく」です。また、ジェルタイプの場合は前回塗った分を拭き取ってから塗ることが大切です。重ね塗りをすると、ジェルが厚い膜状になり、あるときはがれ落ちて喉に流れ込んで誤嚥や窒息などを引き起こしてしまうことがあるのです。**重症のドライマウスの人だと、1日に数回はジェルタイプの湿潤剤を塗る必要がありますが、重ね塗りは絶対に避けましょう。**リキッ

ドタイプは、適量を使用していれば膜状になる心配はありません。ドライマウスの程度に合わせて湿潤剤のタイプを選びましょう。

　湿潤剤を使用するタイミングは、一般的に舌苔除去の前後、歯磨きや口腔清拭の後などですが、ジェルタイプは、寝たきりだけれども歯がしっかり残っていて歯ブラシで汚れを取ってあげたいという人のブラッシングにも活用できます。この場合はとくに、なるべく粘度が高いものを用意し、誤嚥を予防しましょう。

　ジェルタイプの湿潤剤を活用した歯磨きの方法を解説します。まず、前回塗った湿潤剤を拭き取ります。次に、湿潤剤を口の中に塗り、歯ブラシに湿潤剤を少しつけてブラッシングしていきます。最後に、口腔清拭専用のウェットシートで湿潤剤ごと汚れを拭き取り、湿潤剤で口の中を潤します。

　スポンジブラシを用いた口腔清拭も同様に行うことができます。いずれも、誤嚥予防の体位を保って行いましょう。

篠崎泰久 しのざき歯科医院院長

日本大学歯学部卒業。自治医科大学歯科口腔外科医局長等を経て、2014年栃木県宇都宮市に「しのざき歯科医院」開業。所属学会は、日本口腔外科学会、日本口腔インプラント学会など。

汚れた唾液を吸い取る お手軽吸引器

解説　**岡村泰斗**　二子玉川ＯＭ歯科クリニック院長

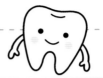

　寝たきりで状態を起こすのが難しい人の口腔ケアを行うときは、唾液や汚れを吸い取る吸引器があると便利です。しかし、一般家庭などで入手するのは困難です。そこで、100円ショップで入手できる、園芸用の「チューブ水差し」を活用したお手軽吸引器の作り方と使い方を紹介します。

　チューブ水差しはどこの100円ショップでも扱っていますし、お手軽吸引器は作り方も使い方も簡単です。内部のチューブを取り外してしまうので、再度ポンプを押しても、一度吸い取ったものが逆戻りすることはありません（ただし、角度によっては逆戻りも起こりうるため、気をつけましょう）。

　また、先端を切って穴を大きくするときは、少しずつ、吸引の具合を見ながら行いましょう。最初にあまり大きく切ってしまうと、使いにくくなる場合があります。

　寝たきりの人の場合、口腔ケア中に汚れや唾液を誤嚥しないように十分注意する必要があります。口腔清拭専用のウェットシートでこまめに拭き取りながら行うのが一般的ですが、それだけでは間に合わないこともあるでしょう。そのようなときに、このお手軽吸引器があると、素早く取り除けて便利です。場合によっては、ウェットシートの節約にもなります。ぜひ、利用してみてください。

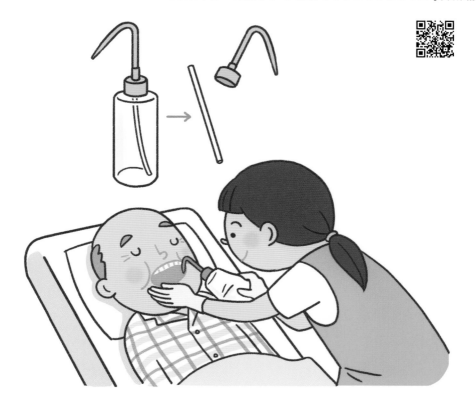

【用意するもの】

　園芸用のチューブ水差し

【作り方】

　チューブ水差しのふたを開け、キャップに付着している内側の
チューブを取り外す、もしくは切り落とします。キャップを閉めれば
完成です。吸引しにくいときは、先端を切って穴を大きくしましょ
う。

【使い方】

　利用者のお口に入れる前にポンプはあらかじめ押しておきます。お
口の中に先端を差し込み、ポンプの手を離します。先端から汚れや唾
液が吸い取られます。

汚れた歯ブラシを
ミニおろし金で素早く洗浄

解説　**岡村泰斗**　二子玉川ＯＭ歯科クリニック院長

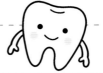

　　口腔ケアを受ける側にとって最も負担が大きいことは、口を開け続けていることです。普通なら、こまめにうがいをしてもらって口を開けている時間を短くしますが、嚥下障害のある人にうがいをさせることはできません。また、ケア中は歯ブラシなどを頻繁に洗浄したいですが、洗浄してすすいで……という作業は案外時間がかかり、全体のケア時間が長くなってしまいます。このような課題を一気に解決してくれるのが、100円ショップでも入手できる「ミニおろし金」です。

　使い方は簡単です。ミニおろし金に水と洗口液を入れ、歯ブラシの汚れをおろし金部分に軽くこすりつけるようにして洗うだけ。洗口液の効果で素早く汚れが落ちます。さらに、おろし金のフチで水を切ることができるため、すぐにケアを再開できます。歯ブラシをあまり強くおろし金にこすりつけてしまうと、ブラシが痛むので注意しましょう。

　高齢者には口を開け続けるのが難しい人が少なくありません。無理に開けていると、苦痛なだけではなく、汚れや唾液を誤嚥するリスクが高まります。短時間磨いたら口を閉じてもらい、そのつど歯ブラシを手早く洗い、ケアを再開するということを繰り返すことによって、お互いに小さな負担で効率よく口腔ケアを行うことができます。

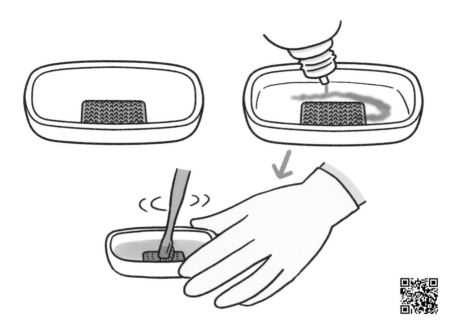

　この方法は、口を長く開けているのがつらい人向けのものです。ケアの時間に十分耐えられる場合は、洗浄用の水とすすぎ用の水をそれぞれコップに用意し、丁寧に歯ブラシを洗うのが理想です。利用者の状態に合わせて使い分けましょう。

【ミニおろし金を使った歯ブラシ洗浄】

①ミニおろし金に水と洗口液を入れます

②汚れた歯ブラシを軽くこすって洗います

③ミニおろし金のフチで歯ブラシの水を切ります。その後、口腔ケアを再開します

岡村泰斗　二子玉川ＯＭ歯科クリニック院長

- - - - - - - - - - - - - - - - - - - -

東京歯科大学卒業、同大学院修了。2020年東京都世田谷区に「二子玉川ＯＭ歯科クリニック」開業。さまざまな医科と連携し、全身の健康作りを標榜。所属学会は、日本口腔外科学会など。

汚れたスポンジブラシを清潔に保つ洗浄方法

解説　**柴田督弘**　しばた歯科院長

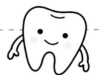

　　スポンジブラシは粘膜の汚れをよく絡め取ることができますが、それだけに、**粘膜清掃をしながらこまめに洗浄する必要があります**。汚れが残った状態で口の中に戻すことは厳禁です。

　スポンジブラシで粘膜清掃を行うときは、「湿らせる用」「洗浄用」「すすぎ用」という3つのコップを用意し、それぞれにきれいな水を入れましょう。その上で、まず「湿らせる用」でスポンジブラシに水を含ませ、しっかりと絞った後にティッシュペーパーで余分な水分を吸い取ってからケアを始めます。粘膜を清掃し、ついた汚れはティッシュペーパーで拭き取ってから「洗浄用」の水で洗い、絞ります。次に、「すすぎ用」の水ですすいで絞り、最後に「湿らせる用」に入れ、水分を絞ってティッシュペーパーで水分を拭き取り、ケアを再開します。

　この手順を繰り返すことが、スポンジブラシによる粘膜清掃の効果を十分に高めます。少し面倒と思うかもしれませんが、きちんと行えば誤嚥性肺炎のリスクを低減することができます。

　スポンジブラシは、口腔粘膜をするのにとても効果的です。それだけについてしまった汚れを落とすのにも手間がかかるというわけです。

　使い捨てのスポンジブラシを、流水でよく洗ったから、見た目にき

れいだからといって再利用することは絶対に避けましょう。スポンジの小さな穴の中には、どんなによく洗っても汚れが残り、それを栄養分に細菌が繁殖してしまうのです。一度乾燥させたとしても、細菌繁殖のリスクをゼロにすることはできず、再利用すると粘膜清掃とはまったく反対の結果をもたらすことになります。「スポンジブラシの洗浄は３つのコップで」という基本を徹底して、効果的な粘膜清掃を実践しましょう。

【3つのコップで洗浄】

① 「湿らせる用」：スポンジブラシを湿らせる

② 「洗浄用」：汚れたスポンジブラシを洗浄する

③ 「すすぎ用」：洗浄したスポンジブラシをすすぐ

　スポンジブラシを①で湿らせ、よく絞ってからティッシュペーパーで余分な水分を吸い取り、粘膜清掃を始めます。スポンジブラシが汚れてきたら、ティッシュペーパーで食べかすなどを拭き取り、②で洗浄しましょう。そして水分を絞ります。③ですすぎ、再度絞ります。①で湿らせ、よく絞ってからティッシュペーパーで余分な水分を吸い取り、粘膜清掃を再開します。①〜③を繰り返します。

訪問歯科医に相談が必要なケースとは？

解説 **柴田督弘** しばた歯科院長

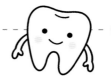

口のトラブルも早期の発見・治療が重要です。**要介護状態の人は、口のトラブルが体調不良につながることもあるので、口の中の症状、入れ歯の不具合、嚥下機能の低下に注意しましょう。**

口の中の症状とは、痛み、出血、口臭、歯のぐらつき、汚れなどです。これらはすべて歯周病の症状です。放置すると、慢性的な炎症が歯ぐきだけではなく骨も侵し、歯を支えている歯槽骨というあごの骨が溶けていきます。一度溶けた骨が自然に再生することはありません。歯周病は、糖尿病や動脈硬化性疾患（心筋梗塞、脳梗塞など）に関与することも知られているので、早めに歯科医に相談しましょう。

また、むし歯が悪化すると歯がボロボロになるだけではなく、歯を支えている骨にも炎症が広がり、歯槽骨炎、顎骨膜炎などの「歯性感染症」に進展することもあります。部分入れ歯の人は、金具のかかる部分がむし歯になりやすいので注意しましょう。

入れ歯は定期的な点検が必要です。口を開閉するとカタカタ鳴る、入れ歯をすると味がよくわからないなどは、入れ歯が合わない症状。口の状態が変化して合わない部分が出てきているのです。痛みや口内炎が生じ、そのために食が細くなることもあります。

嚥下機能の低下は、知らず知らずのうちに進んでいることが少なく

ありません。食事中などにむせやすいのは、食べ物や飲み物、唾液が誤って気管に入り込んでしまうためです。

高齢になると唾液量も減少し、ドライマウスになる人も多くいます。飲み込みにくい、話しにくいという場合は、口が慢性的に乾いているのかもしれません。口が乾燥すると細菌が繁殖しやすく口内環境が悪化するため、やはり歯科医に相談することをおすすめします。

こんなときは歯科医に相談！チェックポイント

口の中の症状	入れ歯の不具合	嚥下機能の低下
☐ 痛みがある ☐ 出血がある ☐ 口臭が強い ☐ 歯がぐらつく（抜ける） ☐ 歯ぐきが腫れている ☐ 口の中が汚れている	☐ 入れ歯が当たって痛い ☐ 入れ歯が合わなくなった ☐ 食が細くなってきた ☐ 口内炎ができる	☐ 飲食をするときにむせやすい ☐ よく熱を出すようになった ☐ 口の中が乾いてネバネバしている ☐ 言葉が出にくくなった、話しにくそうだ ☐ 表情が乏しくなった

柴田督弘 しばた歯科院長

徳島大学歯学部卒業。2004年愛媛県松山市に「しばた歯科」開業。同年訪問歯科診療も開始。2012年ハーバード大学インプラントコース修了。所属学会は、日本口腔インプラント学会など。

PART 3

知っておきたい！
摂食・嚥下
リハビリで役立つ
テクニック＆グッズ

お口の老化による
摂食・嚥下障害とは

解説　**森川真作**　森川歯科クリニック院長

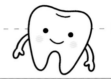

　「食べる」という行為は、視覚と脳、口、喉の絶妙な連携によって成り立っています。**食べ物を自分の目で認識し、胃へ送り込むまでが「摂食・嚥下」であり、そのプロセスは「先行期」「口腔準備期」「口腔期」「咽頭期」「食道期」の5段階に分かれています。**それを、「摂食・嚥下の5期モデル」といいます。

■先行期

　食べ物を食べ物として認識するのが「先行期」です。食べ物を食べ物として認識できなくなると、目の前に食べ物があってお腹が空いていても食べ始められない、一口の量をうまく調節できない、食べるペースが乱れるなどの症状がみられます。食べ物でないものを食べてしまう「異食」も先行期の障害です。

■口腔準備期

　食べ物を嚥下するために噛み砕くのが「口腔準備期」です。口を開け、口の中に食べ物が入ったら口を閉じ、唇を結んだ状態で噛むまでを指します。口の周りの筋肉を動かし、あご、頬、歯を使って食べ物と唾液を混ぜ合わせ、食塊（食べ物が口の中でひとかたまりになったもの）を形成します。味や食感を感じるのもこのときです。

■口腔期

　口腔準備期で形成された食塊を飲み込む動きが始まるのが「口腔

期」です。口を閉じ、舌と上あごをうまく連動させながら、食塊を喉に送り込みます。口を閉じて下あごを固定する筋肉や、舌を動かす筋肉が衰えると、食塊を喉の方に移動させることが難しくなり、いつまでも食べ物が口の中にあるという状態になります。

■咽頭期

　ごくんと飲み込む段階が「咽頭期」です。口腔期によって喉の入り口へ送り込まれた食塊は、咽頭期で咽頭部に到達します。すると、「嚥下反射」という反応が起こり、一瞬で気道の入り口が塞がれます。これによって、食塊は気道に入ることなく食道へ流れていくのです。嚥下反射は、約0.5秒という一瞬の出来事ですが、誤嚥を防ぐために備わる重要な機能です。高齢になると嚥下反射が弱くなるため、誤嚥のリスクが高まります。

■食道期

　食道に流れ込んだ食塊を、胃へ送り込むまでが「食道期」です。食塊が逆流しないように、食道の筋肉がふたをして、食堂から胃へと食塊を運びます。食道期に障害があると、食後しばらくしてから逆流が始まることが多く、就寝後にむせることもあります。逆流したものが気管から肺に入り込むと、誤嚥性肺炎の原因になります。

　5期のどこかで問題が起こった状態が摂食・嚥下障害です。

口腔機能を高める
Ｕコップを使ったうがい

解説　**森川真作**　森川歯科クリニック院長

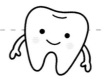

　　口腔機能を高める口腔ケアには、口の中を清掃して清潔な状態を保つ「器質的口腔ケア」と、口の機能の回復や向上を目的とする「機能的口腔ケア」があります。機能的口腔ケアは、摂食・嚥下リハビリの一環です。

　機能的口腔ケアには、「あいうべ体操」「パタカラ体操」「嚥下体操」などさまざまなものがありますが、日常的に行ううがいも、やり方によって立派な機能的口腔ケアになります。ここでは、Ｕコップを使ったブクブクうがいトレーニングを紹介しましょう。

　Ｕコップは介護用に開発されたコップです。口をつける側の縁が高く、反対側の縁が低くなっているため、コップを傾けても縁が鼻にぶつかりません。首を後ろに反らさなくても水を口に含むことができ、誤嚥予防に有効です。

　上を向いて喉を洗うガラガラうがいは、口腔機能が低下している人は誤嚥しやすいため厳禁ですが、口を閉じて頬を膨らませて行うブクブクうがいは誤嚥の危険が少なく、口の中の汚れ（食べかすやたまった粘液など）を洗い流す効果もあるため、高齢者に推奨されています。さらに、ブクブクうがいには頬の筋肉や口の周りの筋肉、舌の筋肉を鍛える効果があるのです。

　うがいをするときに上体が後ろに倒れた状態だと誤嚥しやすいの

で、**安全のためにＵコップを使用し、上体をまっすぐ、または少し前かがみの姿勢で行いましょう。**また、口に含む水の量が多すぎるとうまくできません。水の量を調節して行いましょう。

【Ｕコップを使ったブクブクうがいトレーニング】

　①Ｕコップを使って口に水を含む　②右の頬を膨らませ3回ブクブクする　③左の頬を膨らませ3回ブクブクする　④水を吐き出す　⑤Ｕコップを使って口に水を含む　⑥上唇と上の歯の間を膨らませるようにして3回ブクブクする　⑦下唇と下の歯の間を膨らませるようにして3回ブクブクする　⑧水を吐き出す　⑨Ｕコップを使って口に水を含み、口全体で3～4回ブクブクして水を吐き出す

【Ｕコップを使ったブクブクうがいトレーニングができる人】

・意識がはっきりしている　　　　　・唇を閉じることができる

・水を吐き出すことができる　　　　・舌や頬を動かすことができる

・頭をのけぞらせることができる

森川真作　森川歯科クリニック院長

愛知学院大学歯学部卒業。2002年愛知県春日井市に「森川歯科クリニック」開業。所属学会は、日本歯周病学会、日本摂食嚥下リハビリテーション学会、日本老年歯科医学会など。

口腔機能を高める
ペットボトル＆ストロー

解説　**大橋新史**　大橋デンタルオフィス院長

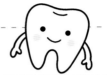

　　　嚥下機能を鍛えるには、ペットボトル（500㎖）とストローを使った「ペットボトル・ブローイング」というトレーニングが効果的です。「ブローイング」は「吹く」という意味です。

　ペットボトル・ブローイングは、嚥下の動作で活躍する軟口蓋の動きや、口唇閉鎖（唇を閉じ、その状態を保つ）を訓練します。一般的な方法は、ペットボトルの8分目くらいまで水を入れてストローを差し、ストローを吹いてブクブクさせますが、一手間加えることで訓練効果がアップします。

　用意するものは、ペットボトル（キャップ付き）、ストロー、ペットボトルに穴を開けるキリ、ドライバー（ストローと同じくらいの太さのもの）、ライターです。ペットボトルのキャップ下2cmくらいのところにキリで穴を開けたあと、ドライバーの先端をライターの炎で熱し、キリで開けた穴に刺します。こうすると、きれいな穴が開きます。この穴にストローを通し、ペットボトルに水を入れます。

　ペットボトルにキャップをつけたままにしておくのは、キャップの締め加減により、ブクブクするときの抵抗の強さを調節するためです。キャップを軽く閉めれば抵抗が弱くなり、強く閉めれば抵抗が強くなって訓練効果が高くなります。

　トレーニング法も簡単です。**根気よく続けると、軟口蓋を上にあげ**

抵抗 弱　　　抵抗 強

るパワーと、その状態を維持する持久力が鍛えられ、嚥下がスムーズになります。

【用意するもの】

　ペットボトル（キャップ付き）、ストロー、ペットボトルに穴を開けるキリ、ドライバー（ストローと同じくらいの太さのもの）、ライター

【トレーニング法①】

　キャップの閉め加減で抵抗の強さを調節し、その人の口腔機能の状態に合わせた負荷にします。弱い抵抗から始め、楽にできるようになったらキャップを少し強く閉め、徐々に高い抵抗にチャレンジしましょう（キャップを軽く閉めた場合は抵抗が弱く、キャップを強めに閉めた場合は抵抗が強い）

【トレーニング法②】

　ペットボトル内の水が泡立つくらい強く吹いたあと、小さな泡が立つ程度の弱さでなるべく長時間吹きます

口腔機能を高める
吹き戻しの活用

解説　**原田知佳** 大橋デンタルオフィス副院長

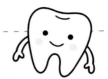

「吹き戻し」、あるいは「巻き笛」と呼ばれる玩具は誰もがご存じでしょう。実はこれが口腔機能の改善にとても役立ちます。

　唇や口の周りの筋肉が衰えてしまった人は、食べこぼしが増え、発音が不明瞭になってコミュニケーションにも支障をきたします。しかし、**吹き戻しを口腔リハビリに活用すると唇や口の周りの筋肉を鍛えることができ、摂食・嚥下の5期モデルでいうと「口腔準備期」「口腔期」の機能改善が期待できます。**

　さらに、思い切り吹くことで、しっかりと腹式呼吸ができるようになるという効果も。**呼吸機能と唇の機能が改善すると、嚥下がスムーズになって誤嚥のリスクが大きく低下し、会話を楽しみながらの食事も可能になる場合もあります。**唇を閉じる力（口唇閉鎖機能）が向上するので、口呼吸の防止にもつながります。

　吹き戻しを使ったリハビリは、広島県のモデル事業として複数の施設や病院で実践され、呼吸機能に大きな改善がみられたと報告されました。医療用の吹き戻しも開発されています。

　用意するものは吹き戻しだけ。トレーニングの方法はとても簡単です。吹き戻しはお祭りや縁日でお馴染みですが、100円ショップでも入手でき、吹き始めると童心に帰ったような気持ちになり、楽しみな

がら行えるというメリットもあります。

【用意するもの】

　吹き戻し（巻き笛）

【トレーニング法】

①深呼吸を大きく数回行い、息を整える

②「吹き戻し」を口にくわえ、一気に袋状部を進展させる

③「吹き戻し」を伸展させたまま、5〜10秒くらい袋状部が戻らない
　程度の最小呼吸で吹き続ける

④「吹き戻し」を口から離し、再び腹式呼吸を行って息を整える

①〜④の動作を10〜30回繰り返す

　①〜④を1セットとして、朝・昼・夕にそれぞれ1セット行います。

大橋新史 大橋デンタルオフィス院長

松本歯科大学卒業、愛知学院大学大学院修了。2019年愛知県名古
屋市に「大橋デンタルオフィス」開業。原田知佳副院長ともに、日本訪問
歯科協会、日本認知症予防学会に所属。

PART 4

知っておきたい！嚥下食の介助で役立つテクニック＆グッズ

まずは「嚥下食」の基本を知ろう!

解説　守口憲三　守口歯科クリニック院長

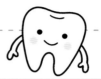

　「嚥下食」は、飲み込みやすさに重点を置いた食事の総称で、食べ物の形態により嚥下訓練食、嚥下食、介護食の3つに分類されます。これらに普通食を加え、わかりやすく表したものが右ページの「嚥下食ピラミッド」です。最上段の「L(レベル)0」が最も飲み込みやすい形態で、代表的なものはゼリー。「L0」「L1」「L2」が機能訓練食、「L3」が嚥下食というように位置づけられています。

　その人の嚥下障害の程度を見極めた上で、嚥下食ピラミッドをもとに最適な形態の食事を提供することで、効果的な口腔リハビリが可能になります。嚥下食ピラミッドで分類されている食事の形態について簡単に説明しましょう。

■嚥下食ピラミッドとは————

L0：開始食とも呼ばれ、お茶や果汁にゼラチンを加えた「お茶ゼリー」「グレープゼリー」などが代表的。飲み込む力が弱くても、重力だけで喉を通過する食べ物がここに入る

L1：ねぎとろ、重湯ゼリー、具のない茶碗蒸し、プリンなど。全体が均質でざらつきやべたつきのない食べ物

L2：L1よりもねばつきがある。フォアグラムースなどがそうです

L3：形態がゼリーからピューレに。生クリームや油脂類、野菜、魚肉類を使うことができる。水ようかん、卵料理なども可

嚥下食ピラミッド

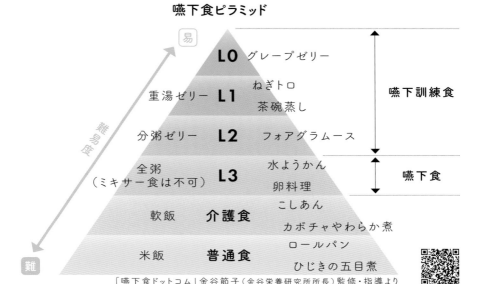

「嚥下食ドットコム」金谷節子（金谷栄養研究所所長）監修・指導より

介護食：パサパサしない、むせにくくなめらかな形態で、一口大の大
　　　　きさが目安。摂食・嚥下の5期モデルの口腔期に問題のある
　　　　人のための食事で、移行食とも呼ばれる
普通食：摂食・嚥下障害の人は食べることが難しい一般的な食事

　最近は、「嚥下調整食分類」を用いることも増えています。嚥下調
整食分類は2013年に提唱（2021年改訂）された比較的新しいものです。
　嚥下食ピラミッドや嚥下調整食分類の特徴は、単に食べ物の形態で
分けるのではなく、安全性を考えて食塊の作りやすさなどにも配慮し
ていることです。従来の介護食は、きざみ食やミキサー食など食塊を
作りにくい物もあり、かえってむせやすく、きざみ食には食べ物が入
れ歯と歯ぐきの間にはさまりやすいという問題もありました。**嚥下食
ピラミッドや嚥下調整食分類を取り入れることで、食事介助の現場で
起こりがちだったトラブルを避けることができます。**これらの基準を
把握しておくとよいでしょう。

食後の誤嚥に注意！
クリアランスをしっかりと

解説　**守口憲三**　守口歯科クリニック院長

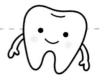

「クリアランス」とは、口の中や咽頭部に残っている食べ物をクリアにすること。簡単にいうと、食べた物が口の中や咽頭部に残らないようにすることです。

嚥下機能がしっかりしている人は、ごくんと飲み込めば食べた物がスムーズに食道へ入り、胃へと送り込まれます。しかし、嚥下障害があるときれいに嚥下しきれず、咽頭部に食べ物が残りやすいのです。これを咽頭残留物といいます。

この咽頭残留物が厄介なのは、食後しばらくしてから知らないうちに誤嚥してしまう危険があるからです。咽頭残留物の誤嚥は誤嚥性肺炎の一要因です。**食事中や食後にしゃべるとガラガラ声になる人は、咽頭に食べ物が残っている可能性が高く、誤嚥性肺炎のリスクがあると考えてよいでしょう**。注意するようにしてください。

食事介助を行うときは、ごくんと飲み込んだことを確かめてから次の食べ物を口に入れ、食事の途中や最後にとろみをつけた飲み物を飲んでもらいます。飲み込んだ後、口の中に食べ物が残っていないかきちんと確認することが重要です。舌と歯ぐきの間、歯ぐきと頬の間などは、食べ物が残りやすいので注意しましょう。食後は口腔ケアを行います。

咽頭残留物による誤嚥を予防するためには、食事中や食後に適切な

姿勢を保つことが大切です。食事中は上体をまっすぐに立て、あごは引き気味にします（17ページ参照）。食後はすぐに横になってはいけません。30分程度は上体を起こしたままにして、食べ物がきちんと食道から胃に入るのを促します。上体を起こしておくことで、逆流による誤嚥を防ぐこともできます。

　原因不明の発熱を繰り返す場合は、誤嚥性肺炎が原因であることがめずらしくありません。食事介助中にむせることがないからといって油断せず、食事介助はクリアランスを常に意識しましょう。

　もしかしたら嚥下機能が低下しているかも……と思ったら歯科医に相談してください。嚥下障害の検査法として、反復唾液嚥下テスト、水飲みテストやフードテスト、頸部聴診法といったスクリーニング検査を行い、詳しい検査が必要な場合は細い内視鏡で咽頭の様子を観察する嚥下内視鏡検査（VE）を行うこともできます。

守口憲三 守口歯科クリニック院長

岩手医科大学歯学部卒業。1979年岩手県盛岡市に「守口歯科クリニック」開業。"走る歯医者さん"として地域の訪問歯科診療にも努める。一般社団法人日本訪問歯科協会理事長。歯学博士。

サラサラ、パサパサは「嚥下食」ではNG!

解説 **井野正幸** しじみデンタルクリニック立川院長

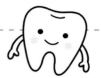

嚥下障害のある人にとって、サラサラした物やパサパサした物は危険な食べ物です。サラサラした物の代表は水やお茶、汁物、ジュース、パサパサした物の代表はカステラやマドレーヌなどです。さらに、口の中でバラバラになるひき肉、レンコン、ピーナッツなども、そのままの状態で食べてしまうと誤嚥につながります。

なぜ、これらの食べ物は誤嚥しやすいのでしょうか。まず、サラサラした物は、飲み込むとすぐに喉に落ちるためです。喉には気管の入り口をふさぐふたがあるのですが、これがきちんと閉まる前に食べ物（飲み物）が落ちてサッと気管に入ってしまうのです。物を飲み込んだときに、気管の入り口のふたが閉まる反応を「嚥下反射」といい、摂食・嚥下の5期モデルでは「咽頭期」に起こります。嚥下機能が衰えると嚥下反射が鈍くなり、誤嚥のリスクが高くなるというわけです（62ページ参照）。

パサパサしたものが危ない理由は、水分が少なく、口の中で食塊を作りにくいためです。**唾液が十分に出れば問題なく食塊を作ることができますが、高齢になると唾液の分泌が減り、パサパサのまま喉に落ちやすくなります。**若い人でも、ココアパウダーなどがかかったものを食べようとしてむせることがあるでしょう。それと似ています。ま

た、カステラなどは唾液と混ざると粘性（ベタベタ感）が高まりますが、ベタベタしたものは喉にくっつきやすく、嚥下反射が起こったあと、喉に残った食べ物が気管に入ってしまうこともあります。

　口の中でバラバラになる物も食塊が作りにくく、飲み込むタイミングのちょっとしたズレで気管に入り込みやすいことが問題です。

　しかし、だからといってこれらの食べ物を嚥下食に用いてはいけないというわけではありません。**とろみをつけたり、ジュレでまとめたり、調理法を工夫することにより安全に食べてもらうことができます（72ページ参照）**。

　また、嚥下の過程のどの段階で誤嚥しやすいかにより、とろみのつけ方にコツがあります。飲み込もうとする前に食べ物が勝手に気管に流れていってしまう人はケチャップ程度、嚥下反射が鈍くなって嚥下中に誤嚥を起こす人はフレンチドレッシングやポタージュ程度、食べ物を飲み込んだあとに喉に残留物が残り、嚥下後に誤嚥を起こす人はとんかつソース程度のとろみが適しています。カステラなどは、口に入れる前に牛乳などの水分に浸して適度にしっとりさせるとよいでしょう。

安全な食事介助のための誤嚥予防チェックポイント

解説　**井野正幸** しじみデンタルクリニック立川院長

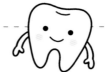

　　高齢になると、大半の人は摂食・嚥下機能が低下します。とくに、寝たきりなど要介護度の高い人の場合は注意が必要です。食事のたびに誤嚥予防チェックポイントを確認しましょう。

　高齢者は日中でもうとうとしていることあります。まず、しっかりと目を覚ました状態にしてから食事介助を始めることが重要です。**「食事ができましたよ」などと声をかけて返事を待ち、少し会話をしてから、食事介助に入るようにしましょう。**

　姿勢など、食べる態勢をきちんと整えることも重要です。摂食・嚥下がスムーズに行える姿勢は座位ですが、高齢者の場合は筋力の衰えにより座位を保つことが難しいこともあります。そこで足裏が床にしっかりつくように調節し、お尻の左右の骨（坐骨）が座面にバランスよくついた状態にすると、筋肉の相互作用で下半身が安定します。下半身が安定することで上半身がリラックスし、口や喉が動きやすくなります。座位が難しく、ベッド上で食事介助を行う場合は、枕の置き方を工夫し、あごを少し引いた状態にしましょう。このようにすると食道の入り口が開きやすくなります。介助者は常に高齢者と同じ高さの目線が基本です。

　食事はとくに一口めが誤嚥の危険性が高く、舌の上にストローで1〜2滴の水を垂らしてごっくんしてもらい、これを2〜3回繰り返すと

飲み込みの準備運動になります。一口の量は、ティースプーン1杯くらい。また、スプーンはすぐに抜かず、高齢者が食いついてから抜きます。喉がごっくんと動くのを確認してから次の一口を。ごはんなどの固形物と味噌汁などの水分を一緒に取りながら食べてもらうようにしてください。水分でむせやすい場合はゼラチンで代用します。

食事介助時のチェックポイント

本人の状態	□ しっかり目を覚ましていますか？ □ 口が乾燥していませんか？ □ 入れ歯はしっかりついていますか？ □ 全身状態は安定していますか？ □ トイレは済ませましたか？
食事の環境	□ 食事をするテーブル、椅子の高さは適切ですか？ □ テレビなど、食事に集中できないものがありませんか？ □ 食事の温度や形態が適切ですか？ □ 介助に必要な食器やスプーンの準備ができていますか？ □ 食事する姿勢が整っていますか？

井野正幸 しじみデンタルクリニック立川院長

奥羽大学卒業。2019年東京都立川市に「しじみデンタルクリニック立川」開業。調布市にある本院と共に訪問診療に力を入れる。往診には即日対応もできる態勢を整えている。

「自分で食べる」を助ける
介護用の箸やコップ

解説　**上田倫生**　上田歯科医院院長

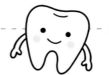

　　食事は自分で食べることができるとより美味しいものです。しかし、筋力が衰えたり、手の関節の可動域が狭くなったりすると、普通の食器を扱うのが難しくなります。**そのような人でも介護用の食器を利用することで、自分で食べるよろこびを手放さずに済むことがあります。**

　介護用の箸としては、2本がバラバラにならないようにピンセット型になっているものや、大き目のグリップがついて握りやすくなっているものなどが市販されています。これらは箸の先がずれないため、利き手でなくても使いやすいのも利点です。

　スプーンやフォークも、柄の部分が太く握りやすくなっているものや、ネックの部分が左右に曲がってすくいやすくなっているものがあります。ネックを自由に曲げられるタイプもあります。また、つぼの部分のくぼみはアイスクリームスプーンのように浅いものの方が使い勝手が良いでしょう。

　コップは、あごを引いたまま飲めるUコップ（64ページ参照）や、握力が弱くても持てるように取っ手の形が工夫されているもの、ふたやストローがついているものを用意すると、むせたりこぼしたりするのを予防することができます。

　お皿や茶碗では、内側に角がついていたり、縁にくぼみがあり、そ

こにスプーンを沿わせると容易にすくえるものがおすすめです。

食器の色にも気を配りましょう。たとえば、白内障の人は白っぽいものが判別しにくくなります。白い食器に白いご飯という組み合わせだと、何がどのくらい入っているのかわからないので、ご飯など白い食べ物は色のついた食器に盛りつけるようにします。

食べ物が美味しそうに見える、箸などでつかみやすい、口に運びやすい、使いやすい形に変えられるなど、介護用の食器にはさまざまな工夫が施されています。その人に合ったものが、その人のお気に入りとなって使っていただくことによって、手足や口の機能維持にも役立つことになるのです。

嚥下障害のある人には
マドラースプーンを

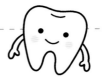

解説　**上田倫生**　上田歯科医院院長

　　　　摂食・嚥下障害のある人に適切なスプーンとは、一口量が大きくなり過ぎず、唇で取り込みやすく、奥舌に入れたり、ひっくり返したりしやすい形状のものです。これらの条件を満たすのがよく知られる「Kスプーン」です。**開口障害のある人に対して、スプーンの柄の先端を使ってKポイントと呼ばれる部位を刺激することにより、開口を促すことができます**。Kポイントは、言語聴覚士の小嶋千枝子氏が発見した、奥歯の突き当りのやや内側を刺激すると咀嚼様運動と嚥下反射が起きるポイントです（開口障害のない人には反応しません）。

　もしこの「Kスプーン」が手元にない場合、その代用品としてマドラースプーンをおすすめします。ヘッドが小さく柄の長いマドラースプーンは、Kスプーンとほぼ同じ形状になっています。しかも、100円ショップで入手できるため手軽です。

　ヘッドが小さく柄が長い形状のスプーンには、次のような利点があります。

●柄が長いため、食べ物を口の奥にしっかりと置くことができる
●本人が自分で食べるのをサポートする際に、本人には柄の中ほどを持ってもらい、介助者は柄尻を持って口に運ぶ動きを支えたり、スピードを調節したりできる

●取り込み時に唇が閉じやすく、食べ物を舌背や奥舌にきちんと置きやすい

●一口量が多くなり過ぎず、送り込みや押しつぶしにスムーズに移行できる

　認知症の人は口の中の物を飲み込む前に、新たな食べ物を口に入れようとすることも多く、そのような場合の食事介助にもぴったりです。ぜひ試してみてください。

【マドラースプーンを使った食事介助の仕方1】

①適切な一口量をすくって口に入れる

②口の中のスプーンをひっくり返して奥舌に食べ物を置く

【マドラースプーンを使った食事介助の仕方2】

①適切な一口量をすくって本人に手渡し、介助者は本人の手を添えるようにしてスプーンの柄尻を持ち、口に入れるペースを調整する

②口の中のスプーンをひっくり返して奥舌に食べ物を置く

上田倫生　上田歯科医院院長

日本歯科大学卒業、長崎大学大学院修了。1988年長崎県南島原市に「上田歯科医院」開業。2003年には諫早市に「パークサイドデンタルクリニック」開業。世界的グローバルスタンダードのレベル治療を追求。

PART 5

まだまだ
知っておきたい!
役立つ
テクニック＆グッズ

ドライマウスの人には鈴付き歯ブラシがおすすめ

解説　**大久保正彦**　かみむら歯科・矯正歯科クリニック

　ドライマウスの人の口腔内はとてもデリケートです。口腔ケアの前に湿潤剤でしっかりと潤しておくことはもちろんですが、歯ぐきも敏感になっているので、ブラッシングのときの圧にも細心の注意を払いましょう。

　適切なブラッシング圧で歯を磨くためにとても役立つのが、鈴付き歯ブラシです。鈴を鳴らさないくらいのやさしさで磨くと、ドライマウスの人にちょうどよい圧になります。

　作り方は簡単で、用意するものも100円ショップで入手できるデンタルフロス（裁縫用の糸でもよい）と鈴だけです。歯ブラシの柄の穴にデンタルフロス（または糸）を通して、4〜5cmのところに鈴を吊るしたらもう出来上がりです。

　重要なのは磨き方です。**鈴が鳴らないように、静かにやさしくブラッシングしましょう。鈴が鳴ったら力の入れすぎです。**このくらいの圧で本当に汚れが落ちるの？　と思うかもしれませんが、大丈夫。汚れは十分に落とすことができるので安心してください。

　そもそも、大半の人は強すぎる圧で歯を磨いています。歯に当てたブラシの毛先が開いていたら力の入れすぎです（38ページ参照）。ドライマウスの人はブラシが歯ぐきを強くこすると痛みを感じたり、口腔ケア後に口の中が痛くなる人もいます。**鈴付き歯ブラシは、自分で歯**

磨きができる人だけではなく、介護者が適切なブラッシング圧を体得するのにも役立ちます。

　唾液の量が減って口の中が乾燥するドライマウスの原因は、加齢、噛む回数の減少、口呼吸、薬（降圧薬、アレルギー薬、抗うつ薬など）の副作用、ストレス、糖尿病などさまざまです。シェーグレン症候群という病気が原因の場合もあります。ちなみに、シェーグレン症候群とは涙や唾液を作っている臓器を中心に炎症を起こす全身性の自己免疫疾患です。病気の原因は不明ですが40〜60歳台の女性に発症しやすいといわれています。

　さて、ドライマウスの症状は、舌に潤いがなくしわしわになる、乾いた食べ物が食べにくくなる、味覚が鈍くなるなどです。重症になると、舌がひび割れてひどく痛むこともあります。また、ドライマウスを放置すると、歯周病やむし歯が悪化しやすいのも問題です。ドライマウスを疑ったら、まずは歯科医による検診を依頼してみましょう。唾液腺のマッサージなど、唾液の分泌を促す方法の指導も受けられます。

片麻痺の人の口腔ケアは
麻痺側に鏡を置く

解説 **大久保正彦** かみむら歯科・矯正歯科クリニック

　　　片麻痺の人は、麻痺側（麻痺がある側）に食べカスが残っていても、気づかないことがあります。これは、麻痺側の舌や頬の筋肉の動きや感覚が低下してしまうためです。中には視覚にも障害があり、麻痺側のものが見えているのに脳で認識できないという人もいます（多くは左麻痺の場合）。それでも、**健側（麻痺のない側）に十分な機能が残っていれば、適切なサポートできちんと自分で歯磨きができます。**

　食べカスが、麻痺側（麻痺がある側）に残ってしまうのを防ぐために活用したいのが鏡です。スタンド式の鏡を麻痺側に置き、麻痺側の顔が見えるようにすると、麻痺した部分を意識することができます。たったこれだけで、歯磨きがスムーズになることがあるのです。介護者はそばで見守り、鏡の位置を調整したり声かけで誘導したりして、うまく磨けるようにサポートしましょう。どうしても自分で磨くのが難しいところがある場合は、手伝ってあげます。

　最後は、ブクブクうがいで口の中の汚れを洗い流します。麻痺側の唇がしっかりと閉じられずに、口から水がこぼれたり、吹き出してしまうこともあるので、周囲がある程度濡れてもよいように、タオルや防水シーツを敷くなどしてあらかじめ環境を整えておきましょう。

　利き手に麻痺がある場合、歯磨きは利き手でない方で行うことにな

　ります。普通の歯ブラシがうまく使えないときは、電動歯ブラシの使用を検討しましょう。歯に当てるだけでよいので、口腔ケアの自立を促すことができます。

　麻痺が軽い人は、普通の歯ブラシを使って歯磨きをすることがよいリハビリにつながります。柄が細いままだとどうしても難しい場合は、太くして握りやすくしたり（40ページ参照）、介護用の柄の太い歯ブラシを使用してもよいでしょう。

　いろいろな工夫をして歯磨きを行っていても、麻痺のある人が完璧な口腔ケアをすることは難しく、気づかないうちに口の中の状態が悪化していることが少なくありません。**最低でも年1回は口腔健診を受け、異常の早期発見・早期治療に努めましょう。**口腔環境を良好に保つことは、安全に美味しく食事を楽しむための第一歩です。

大久保正彦 かみむら歯科・矯正歯科クリニック

日本歯科大学生命歯学部卒業、埼玉医科大学大学院修了。埼玉県越谷市の「かみむら歯科・矯正歯科クリニック」勤務。所属学会は、日本口腔外科学会、日本摂食嚥下リハビリテーション学会など。

パーキンソン病の人は
シリコン製折りたたみボウルを活用

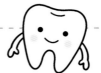

解説 **高木武夫** たかき歯科医院院長

　　パーキンソン病は、脳の神経細胞が減少することで体の動きにさまざまな症状が出る病気です。主な症状は、振戦と呼ばれる手足の震え、固縮と呼ばれる手足のこわばり、動きが乏しくなる無動の3つです。

　口腔ケアの際は、とくに手足の震えに配慮が必要です。自分で歯磨きができる人でも、磨いている最中に震えが起こってしまうと、自分一人では歯磨きの継続が困難になります。右ページのように、肩と肘に手を当てて支えてあげると、ふいに震えが起こっても歯磨きを続けることができます。

　そんなパーキンソン病の人の口腔ケアで便利なのが、シリコン製の折りたたみボウルです。震えの影響で、ガーグルベースン（22ページ参照）ではうがいの水を受け止めきれないこともよくあります。シリコン製の折りたたみボウルは面積が広いため、多少震えても水を受け止めることができ、周囲を水浸しにしてしまうのを避けられます。軽くて折りたためるので持ち運びにも便利です。ぜひ試してみてください。

　歯ブラシは柄の部分が太く持ちやすいもの、毛先のかたさは、手の震えで歯ぐきなどを傷つけることのないようにやわらかいものを選びましょう。ブラッシングの動きが難しい人の場合は、電動歯ブラシが

毛先がやわらかい

柄の部分が太く
持ちやすい

シリコン製の
折りたたみボウル

電動歯ブラシ

おすすめです。

　症状が進行した人には介助磨きが必要です。介助磨きも震えが起こっているときは難しいですが、震えには一定のリズムがあることが多く、そのリズムに合わせるようにして磨くと案外うまくいきます。パーキンソン病は、薬の効果で症状が出ない時間帯などもあるので、口腔ケアのタイミングを工夫してみるのもよいでしょう。

　症状が強く出ているときは無理にケアをする必要はありません。パーキンソン病の震えは押さえつけて止まるものではなく、無理をすると歯ブラシで歯ぐきや粘膜を傷つけてしまうこともあります。震えの状態を見ながら、少しずつやさしくブラッシングを行うことが大切です。

口の開け閉めが苦手な人に対するケア

解説　**高木武夫**　たかき歯科医院院長

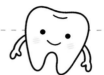

　　　口腔ケアを行おうと思っても、なかなか口を開けてくれない人がいます。また、中には首などの筋肉のこわばりが強く、口が閉じにくくなっている人もいます。このような場合は、**口腔ケアを行う前に鎖骨周りの筋肉や、物を噛むときに働く筋肉（咬筋）のマッサージを試してみましょう。**

　まず、鎖骨周りのマッサージです。指を揃えて鎖骨の下に当て、肩方向になでるように動かします。強い力を入れる必要はありません。そして鎖骨の上を、同じようにマッサージします。

　首のマッサージは、首の横の大きな筋肉に指を当て、さするように上から下へ動かします。

　最後に咬筋をマッサージします。咬筋とは、歯を食いしばったときに上あごの外側でかたくなる筋肉で、かたい物を噛み砕くときに働きます。咬筋の部分に指を揃えて当て、円を描くように軽くさすりましょう。

　口が開かないとき、あるいは口が開けられないときは、唇とあごに力が入ってしまっている場合が多いのですが、マッサージで筋肉のこわばりをほぐすことによって口が開きやすくなるのです。

　適切なマッサージはリラクゼーション効果があります。口の開け閉めにとくに問題がなくても、日頃から口腔ケアとセットで行ってみて

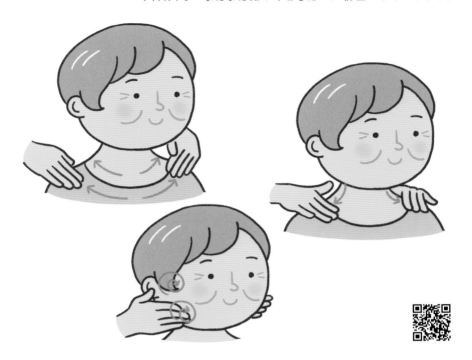

はいかがでしょうか。

　口を閉じられないという人は、唇や口の周りの筋肉の力が衰えていることも一因だと考えられます。口を閉じる筋肉のトレーニングとしては、「ブローイング」が有効です。ブローイングは「吹く」という意味。コップやペットボトルに水を入れてストローでブクブク吹くだけの簡単な訓練です。ふた付きのペットボトルを用いると負荷を調節しやすく（66ページ参照）、水をこぼす心配もほとんどありません。ブローイングは飲み込む力を高める効果もあるのでおすすめです。

高木武夫 たかき歯科医院院長

九州歯科大学卒業。1974年福岡県久留米市に「たかき歯科医院」開業。"お口を守ることで皆様の健康に寄与"がモットー。訪問診療にも力を注ぐ。福岡県口腔機能回復支援相談医、日本訪問歯科協会認定医。

訪問歯科での
インプラント

解説　**近藤公一郎** 近藤歯科医院院長

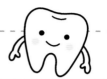

　　一般的にインプラントと呼ばれているのは、歯を失ったあごの骨に人工の歯根（インプラント体）を埋め込み、それを土台にセラミックなどで作った人工歯を取りつけたり義歯を固定したりします。歯を失った場合の治療といえば、少し前までは入れ歯（総入れ歯、部分入れ歯）かブリッジでしたが、第三の治療法としてインプラントが登場し、実際に入れる人が増えています。

　インプラントのメリットは、義歯をしっかりと安定させることができ、本来の自分の歯のように使えることです。噛むときの違和感や異物感もありません。いつまでも噛める歯でいられるという、自分の歯を守る考え方が大切です。そのためインプラントは、とても有効な治療法の一つといえるでしょう。

　ちなみにブリッジも安定感ではほぼ同等です。ただし、義歯を支える前後の歯（支台歯）は健康であっても削らなければ装着できないこと、支台歯との境目はむし歯になりやすいこと、などインプラントと比較した場合に少し弱点があることは否めません。

　インプラントだけの固定式や入れ歯をインプラントでカチィっと固定するタイプもあります。手術時間も速くて身体的負担も軽減できます。部分入れ歯や総入れ歯が合わない、動く、浮いてくる、といった方にはおすすめです。残っている歯がある場合には抜歯が必要となり

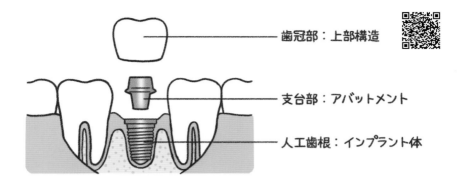

歯冠部：上部構造

支台部：アバットメント

人工歯根：インプラント体

ますが、その後の快適さを考えれば検討されてよいかもしれません。自費診療なので治療費が高いのは難点ですが、一度、歯科医に相談されてはいかがでしょうか。

　1本でも、あるいは入れ歯固定式のようにすべてをインプラント義歯にした場合でも、その後は専用歯ブラシで毎日の丁寧なブラッシングを行い、定期検診も必要です。メンテナンスをおろそかにして歯垢がたまり、インプラント体に細菌感染が起こると（「インプラント周囲炎」といいます）、歯ぐきから膿が出たり、義歯がグラグラしたりしてきます。そうなると土台ごと抜かざるを得なくなります。また、インプラントの義歯が残り、対する歯が抜けてしまった場合なども、歯科医師の適切な処置が必要です。

　厄介なのは、介護者が認知症になりインプラントを装着しているのかどうかさえわからない場合です。それは歯科医でもレントゲンを撮るまではわかりません。インプラントを入れた際、歯科医から渡されたメーカー名や品番、手術日などが記載された「インプラントカード」は失くさないように保管し、膿が出たりインプラントだけ残り、反対側に刺さったなどの問題が起きた場合（自分の歯のようにインプラントが残っている場合が多い）は、速やかに訪問歯科医と情報を共有しておきましょう。

知っておきたい！
災害時の口腔ケア

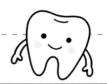

解説　**近藤公一郎** 近藤歯科医院院長

　災害が発生すると多くの場合は水が不足し、いつも通りの口腔ケアが難しくなるため、高齢者は誤嚥性肺炎のリスクが高まります。 もしものときに困らないように、知っておきたいのが水を使わない口腔ケアです。口腔清拭シートを使うのが理想ですが、ウエットティッシュでも代用できます。指にシートを巻きつけ、歯と口の中の粘膜、舌などの汚れを拭き取ります。歯の表面は歯垢を取るようにしてこすり、デリケートな粘膜や舌は力を加減して拭きましょう。最後に、液体歯磨きや洗口液でブクブクうがいをするとスッキリし、歯垢の除去にも役立ちます。うがい薬も代用できて効果的です。

　うがいは、一度にたくさんの水（液体歯磨き、洗口液など）を口に含むよりも、少量ずつ含んで複数回に分けてすすいだ方が、口の中の汚れを効率よく吐き出すことができます。

　少量でも水があるときは、ハンカチやタオル、ティッシュを濡らして口腔清拭を行ってもよいでしょう。歯磨きをする場合は、30ml程度の水を用意し、その水で歯ブラシを濡らしてブラッシングします。途中で何度か歯ブラシの汚れをティッシュで拭き取り、最後にコップの水を少しずつ口に含んで2〜3回に分けてブクブクうがいをします。歯磨き粉は口の中に残ると乾燥を招きやすいので、十分に口がすすげないときにはなるべく使わないようにします。

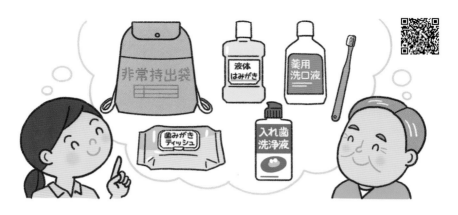

　口の中の潤いや清潔を保つためには、唾液の分泌をよくすることが大切です。唾液には口の中の汚れを洗い流す自浄作用があるので、唾液マッサージを行って唾液の分泌を促しましょう。耳の下、頬、あごの下にある唾液腺を手でやさしくマッサージしたり、あたためたりすると、じわーっと唾液が出てきます。

　入れ歯の人は入れ歯もきれいに保ちましょう。食後に口腔清拭シートやウエットティッシュで拭くなどし、夜は入れ歯を外して寝ます。

非常持ち出し袋の中には、液体歯磨き、洗口液、口腔清拭シート（ウエットティッシュ）、歯ブラシ、入れ歯の人は入れ歯洗浄液など、口腔ケアに必要なものをセットにして入れておきましょう。

　避難生活は不規則になりがちで睡眠も十分にとれません。ストレスもあって免疫力が下がり、とくに高齢者は肺炎、インフルエンザ、風邪などの感染症にかかりやすくもなります。口の中を清潔に保つことは、災害を生き抜く力になります。

近藤公一郎 近藤歯科医院院長

岩手医科大学歯学部卒業。1991年宮城県栗原市に「近藤歯科医院」開業。テキサス大学留学、北京大学での講演、前全米歯科医師会会長との交友もあるなど国際派の歯科医。日本訪問歯科協会常務理事。

口腔ケアと摂食・嚥下リハビリで役立つテクニック＆グッズ

2023 年 11 月 20 日　初版第 1 刷

監　修 ─────────── 一般社団法人日本訪問歯科協会
発行者 ─────────── 松島一樹
発行所 ─────────── 現代書林
　　　　　　　　　　〒162-0053　東京都新宿区原町 3-61 桂ビル
　　　　　　　　　　TEL ／代表　03 (3205) 8384
　　　　　　　　　　振替 00140-7-42905
　　　　　　　　　　http://www.gendaishorin.co.jp/
デザイン ─────────── 小口翔平・阿部早紀子・嵩あかり　(tobufune)
イラスト ─────────── 石崎伸子

印刷・製本：(株) シナノパブリッシングプレス
乱丁・落丁はお取り替えいたします。

定価はカバーに
表示してあります。

ISBN978-4-7745-1986-9 C0047